Claudia Beckers-Dohlen

Irland

Von seinen Wurzeln bis zum 15. Jahrhundert

◊

Karfunkel-Verlag • Wald-Michelbach

Umschlaggestaltung: Atelier Wolf, Wald-Michelbach
Lektorat: Christine Hein
Druck: Strube OHG Felsberg
ISBN: 3-935616-15-5

INHALT

EINLEITUNG

Eire, die grüne Insel, umrankt von Mythen und Legenden, das Land der Feen und Zauberer – Irlands Faszination schlägt jeden in seinen Bann.

Hier hat sich die keltische Tradition am längsten erhalten, hier scheinen die alten Sagen noch heute lebendig zu sein. Dabei ist es ein so kleines Land – nur etwa 500 km lang und 300 km breit. Von keinem Ort aus ist man weiter als 150 km vom Meer entfernt. Wirtschaftlich gesehen spielt Irland kaum eine Rolle, weltpolitisch ist hier auch nichts wichtiges geschehen. Und dann erst die Landschaft: karge Heideflächen, über die der Wind pfeift, bizarre Felsformationen, verwunschene Seen, grüne Wiesen und Weiden, gespenstisches Moor und dazwischen immer mal wieder ein Menhir, ein Steinkreis oder Hochkreuz. Aber genau darin liegt Irlands Charme, in dieser Einsamkeit, in seiner Andersartigkeit. Hier fühlt man sich fernab jeglicher Zivilisation, weit weg vom modernen Kontinent, ja beinahe in eine andere Zeit zurückversetzt.

Aber wie sah diese ande-

re Zeit aus? War alles so zauberhaft, wie wir es uns heute ausmalen? Wie lebten die Helden der alten Sagen wirklich, was geschah auf dem Königshügel von Tara?

Um das herauszufinden, müssen wir weit ausholen und zunächst einmal in eine Epoche zurückgehen, in der es noch keine schriftlichen Zeugnisse gab, sondern wo sich unser Wissen einzig aus den materiellen Hinterlassenschaften ermitteln läßt, die die Archäologen im Boden entdecken.

IRLANDS VORGESCHICHTE

Irlands Vorgeschichte liegt leider weitgehend im Dunkeln. Wir wissen, daß die Insel bereits in der Steinzeit besiedelt war und daß sich erst im 7. Jahrtausend v. Chr. die Landverbindung zu Britannien gelöst haben dürfte. Lediglich einige wenige Hinweise auf Fischersiedlungen entlang der damaligen Küsten haben sich erhalten, doch sind wir hier auf grobe Spekulation angewiesen. Durch das Ansteigen des Meeresspiegels gingen großflächige Grabungsräume verloren, so daß viele der damals besiedelten Gebiete heute nicht mehr wissenschaftlich untersucht werden können. Einzig eine kleine Ansiedlung am Lough Neagh gibt uns ein wenig mehr Auskunft über diese frühe irische Bevölkerung. Doch außer der Tatsache, daß sie zunächst von Fischfang und Jagd gelebt und erst im Laufe der Jahrhunderte auch den Ackerbau entdeckt hat, wissen wir nur, daß sie offenbar Kontakte mit den Nachbarn in Schottland unterhielt: Axtblätter aus Porzellanit, einem sehr harten Werkzeugstein aus der Gegend um Antrim, wurden auch bei Grabungen in Schottland zutage gefördert. Sie können nur über sehr frühe Handelsbeziehungen hierher gelangt sein – was bedeutet, daß diese frühen Bewohner der grünen Insel bereits über nautische Kenntnisse verfügten und mit Schiffen die Wasserstraßen zur großen Nachbarin überquerten. Im Gegenzug scheinen sie in erster Linie Haustiere importiert zu haben, denn etwa zu dieser Zeit mehren sich die Knochenfunde verschiedener Tierrassen, die zuvor nicht in Irland nachweisbar sind.

Zwischen 4000 und 3000 v. Chr. wanderten Volksgruppen der sogenannten Megalithkultur ein, wie wir sie auch von Malta, Frankreich und Britannien dieser Zeit kennen. Der Begriff stammt aus dem Griechischen (*mega* = groß und *lithos* =

Menhire (einzeln aufrecht stehende Steine) und Dolmen (Gräber in Form von Steinsetzungen mit tonnenschweren Decksteinen) sind typische Hinterlassenschaften der Megalithkultur.

Stein) und bezieht sich auf die steinernen Hinterlassenschaften dieser Menschen: meterhohe, einzeln aufrecht stehende Steine (die Menhire), Steinsetzungen in Reihen oder Kreisform, wie das berühmte Stonehenge in Südengland, oder Gräber, bei denen tonnenschwere Steinplatten zur Konstruktion der Grabkammer verwendet wurden (die Dolmen), um nur einige Beispiele zu nennen.

Das „Volk der großen Steine", wie es im irischen Volksmund auch genannt wird, bevorzugte ebenfalls Küstenstreifen und Flußufer als Bebauungsgebiete. Eine seiner bekanntesten Hinterlassenschaften in Irland dürfte die Grabanlage von Newgrange sein. Etwa 20 km von der alten Mündung des Flusses Boyne entfernt und nördlich der heutigen Stadt Dublin errichtete das Megalithvolk drei Gräber, die lange Zeit ein ungelöstes Rätsel der Forschung darstellten. Das größte von ihnen, ein Ganggrab von 90 Metern Länge und elf Metern Höhe, konnte auf die Zeit um 3200 v. Chr. datiert werden – und ist damit rund 500 Jahre älter als die Cheops-Pyramide. Es birgt ein Phänomen, das von den erstaunlichen wissenschaftlichen Fähigkeiten seiner Erbauer zeugt: Am Tag der Wintersonnenwende fällt etwa eine Viertelstunde lang das Licht genau durch eine Öffnung über dem Eingang der Kammer und erhellt den Innenraum. Mehr noch als diese astronomische Besonderheit ist die Konstruktion des sechs Meter hohen Kuppelgewölbes verwunderlich. Bis vor der Erforschung des Grabes hatte man angenommen, daß diese Art der Bautechnik aus dem alten Orient über die Etrusker in die Mittelmeerwelt gelangt war. Da Newgrange aber älter ist, mußte diese Theorie nun revidiert werden.

Die Funde im Innern der verschiedenen Grabkammern haben gezeigt, daß das Volk der großen Steine offenbar sehr konkrete Vorstellungen vom Jenseits gehabt haben muß und damit unzweifelhaft sehr religiös war. Offenbar glaubte man an ein Leben nach dem Tod, das in ähnlicher Weise vonstatten ging wie das diesseitige. Dem Bestatteten – vermutlich eine gesellschaftlich höhergestellte Person – hatte man neben zahlreichen Gegenständen des täglichen Gebrauchs auch Frauen und Dienerschaft mit auf die Reise gegeben. Verwunderlich ist zudem, daß sämtliche erhaltenen Bauwerke der Megalithkultur anscheinend religiösen Charakter besitzen, denn wir kennen nicht eine einzige steinerne Behausung, geschweige denn Wirtschaftsgebäude wie Mühlen oder Speicher. Solcherlei Bauten bestanden nur aus Holz und Lehm und sind höchstens als Reste im Boden erkennbar.

Über das Alltagsleben der damaligen Bewohner Irlands können wir nur sehr wenig sagen. Alles, was wir haben, sind

Die Grabhügel von Knowth; der Durchmesser des Haupthügels beträgt ca. 213m.

Der größte Grabhügel von Newgrange; die Anlage wird auf ca. 3200 v. Chr. datiert. Einer der Decksteine ist mit typischen Spiralmustern verziert.

Feuerstein-, Keramik- und Knochenschmuckfunde. Die meisten Gegenstände scheinen aus Holz gefertigt gewesen zu sein, doch das ist natürlich im Laufe der Zeit verrottet. Werkzeuge bestanden aus Feuerstein; Schalen, Töpfe und andere Behälter wurden neben Holz auch aus Keramik hergestellt – im übrigen eines unserer wichtigsten Hilfsmittel zur Datierung. Knochen von verspeisten Tieren dienten nicht nur in bearbeiteter Form als Schmuck, sondern erfüllten auch praktische Funktionen: In zahlreichen Gräbern wurden beinerne Knöpfe zum Verschließen der Kleidung gefunden, ja sogar Gewandnadeln, die wie Broschen am Hals getragen wurden, und natürlich gewöhnliche Nadeln zum Nähen von Textilien und Leder.

Im frühen dritten Jahrtausend v. Chr. scheint das Ackerland knapp geworden zu sein, denn die Moore hatten sich ausgebreitet und die Nutzflächen rar gemacht. Als Folge begannen die Menschen, die verbliebenen Ackergebiete mittels Hecken und Saumbepflanzungen einzugrenzen – ein typisch irisches

Landschaftsmerkmal, das auch heute noch so charakteristisch und überall zu finden ist. Die Entdeckung des Metalls und die damit verbundenen Möglichkeiten, Gegenstände herzustellen, läuteten den Beginn der Bronzezeit ein. Irland scheint eine führende Rolle im Kupferexport gespielt zu haben, denn um 2500 v. Chr. bezog Südbritannien seine metallenen Rohbarren im wesentlichen von der grünen Insel. Im Gegenzug erhielten die Iren Zinn aus Cornwall, womit sich ihr Kupfer zur begehrten Bronze legieren ließ. Bald schon lösten bronzene Gegenstände die hölzernen, tönernen und feuersteinernen ab, was den Archäologen einen wesentlich besseren Einblick in das irische Alltagsleben gibt, da aus der Bronzezeit viel mehr Werkzeuge, Waffen und sonstiges Gerät erhalten geblieben sind.

DIE KELTEN

Als sich schließlich zum Ende der Bronzezeit die Welle der keltischen Einwanderer über Europa ergoß, blieb auch Irland nicht verschont. Ob die frühen Kelten die Insel nun friedlich besiedelten oder mit Gewalt einnahmen und die ansässige Bevölkerung unter ihre Herrschaft zwangen, läßt sich nicht mehr nachweisen, denn aus dieser Zeit gibt es keine schriftlichen Berichte, und die archäologischen Funde geben hierüber keinen Aufschluß. Jedenfalls hatte sich die keltische Kultur spätestens um 100 v. Chr. auch in Irland vollkommen etabliert und alles andere verdrängt. Man sprach eine keltische Sprache, trug keltische Kleidung und Schmuck, kämpfte mit keltischen Waffen und glaubte an die keltischen Götter.

Diese Epoche scheint diejenige Zeit gewesen zu sein, die unser heutiges Bild von Irland am stärksten geprägt hat. Beinahe alles auf der grünen Insel wird den Kelten zugeschrieben – egal, aus welchem Jahrhundert die Überbleibsel tatsächlich stammen mögen. Trotzdem ist es verständlich, denn gerade hier haben sich die keltischen Traditionen am besten erhalten, was man nicht zuletzt an der Tatsache sieht, daß neben Englisch die alte irische Sprache noch heute (wieder) Nationalsprache ist. Kaum ein Ortsschild läßt denn auch die keltische Schreibweise des Ortsnamens vermissen.

So gut wir auch über die verschiedenen Stämme der Kelten auf dem Kontinent und auch auf der britischen Hauptinsel Bescheid wissen – für Irland fehlt uns ein klares Bild. Archäologische Zeugnisse belegen, daß es sich um eine landwirtschaftlich geprägte Zivilisation handelte, die ihren Lebensunterhalt in erster Linie mit der Viehzucht bestritt. In den vielen Sagen, die wir aus späterer Zeit kennen und die sich meist auf die keltische Epoche beziehen, taucht sehr häufig das Motiv des Rinderraubes auf, und überhaupt wird dem Besitz von Vieh eine große Bedeutung zugeschrieben. Wirtschaftlich gesehen scheint nur Tauschhandel betrieben worden zu sein, denn bisher wurden keine eindeutig irisch-keltischen Münzen dieser Zeit gefunden.

Gelebt haben die irischen Kelten auf losen Gehöften oder in Einzelsiedlungen, den sogenannten *ráth*. Hierbei handelte es sich um Einfriedungen von mindestens zehn Metern Durchmesser, die durch einen ausgehobenen Graben und eine aufgeschüttete Wallanlage begrenzt wurden. Bei manchen dieser Wälle lassen sich noch Reste einer Palisade nachweisen. Innerhalb eines *ráth* standen einfache (meist runde) Gebäude mit Wänden aus Astwerk, das mit Lehm verschmiert war, und Dächern aus Schindeln oder Torf. In irischen Rechtstexten taucht häufig der Begriff der „fünf Häuser eines Bauern" auf. Damit dürfte ein Wohnhaus mit vier einzeln stehenden Stallungen oder sonstigen Wirtschaftsgebäuden wie Scheunen und Vorratslagern gemeint sein. Bestand die Umfriedung aus Stein, nennt man eine solche Einzelsiedlung *caisel* oder *cashel*. Größere *ráths* oder *cashels* mit bis zu 100 Metern Durchmesser und mehr werden als *dún* bezeichnet. Hier scheinen wichtigere Persönlichkeiten, vermutlich die Stammeskönige, residiert zu haben. Mehr als 50 auf Hügeln angelegte *dúns* sind bekannt, die zumeist aus der Eisenzeit stammen.

Welche dieser Befestigungen nun Königssitze waren, läßt sich archäologisch natürlich nicht nachweisen. Wir sind wieder einmal auf die Aussagen der frühirischen Erzählungen angewiesen. Der berühmteste sogenannte „Königsplatz" lag in Tara und wurde *Ráth na Ríogh*, „Festung der Könige" genannt. Traditionell galt er als Sitz des irischen Hochkönigs, doch dazu später mehr. Wie das Leben hier aussah, erzählen uns die Sagen: Es gab große Versammlungen, Regierungsgeschäfte wurden getätigt, ebenso fanden Tausch und Handel statt, ja sogar religiöse Zeremonien. Kontakte mit dem Kontinent sind ebenfalls archäologisch bezeugt, denn es gibt einige wenige Funde römischer Gegenstände in Tara. Die Hochkönige entfalteten hier ihren Reichtum und Prunk, um ihre Macht zu demonstrieren. Neben Tara gab es nur wenige wirklich bedeutende Machtzentren, so etwa Dun Ailinne (Kildare), Emain Macha (Hauptsitz von Ulster) oder Rathcroghan (Zentrum der Herrscher von Connacht). Letzteres ist mit seinen rund vier Quadratmeilen eine der größten Anlagen jener Zeit. Die meisten anderen Festungen waren deutlich kleiner. Im *Críth Gablach*, einem frühirischen Rechtstext, wird beispielsweise der *dún* eines kleineren Stammeskönigs (*ri túaithe*) beschrieben: Seine Königshalle war zwölf Meter lang und barg nur zwölf Schlafstätten für das adlige Gefolge. An dieser doch sehr geringen Zahl läßt sich ablesen, wie wenig sich mancher König offenbar von einem Freien unterschied, denn soviel

Ein rekonstruierter Crannog: Bei dieser für Westirland typischen Sonderform einer eisenzeitlichen Siedlung handelte es sich um runde Häuser bzw. Pfahlbauten aus Holz, die auf künstlichen Inseln in stehenden Gewässern errichtet wurden.

kleiner waren dessen Häuser auch nicht, und es lebten auch nicht wesentlich weniger Personen unter seinem Dach.

Eine spezielle Siedlungsform, die wir vor allem aus Westirland kennen, ist der *crannog* (*crann* = Baum). Hierbei handelte es sich um rein hölzerne Gebäude, die in stehenden Gewässern errichtet wurden, meist auf künstlichen Inseln. Bisher hat man etwa 250 solcher *crannogs* in Irland gefunden, die jedoch alle erst nach Christi Geburt errichtet worden sind. Heute ist man sich in der Forschung einig, daß die Iren diese Pfahlbauten von den Schotten übernommen haben, denn hier tauchen solche Gebäudestrukturen schon einige Jahrhunderte früher auf.

All diese Formen von Befestigungsanlagen können heute in der Regel am besten mittels der Luftbildarchäologie ausfindig gemacht werden. Von oben sieht man die Strukturen in der Landschaft wesentlich besser als von der Erde aus, und gerade in den vergangenen beiden Jahrzehnten hat sich die Zahl der Entdeckungen durch diese Methode vervielfacht. Leider sind bisher die wenigsten Ringwälle und Fluchtburgen auch archäologisch untersucht worden, so daß wir noch kein wirkliches Bild vom Alltagsleben in einer solchen Einzelsiedlung haben. Man weiß allerdings, daß in einigen *ráths* beispielsweise auch unterirdische Kammern existierten, die eventuell zum Schutz schwächerer Bewohner im Falle eines Angriffs oder einfach als Lager– und Vorratsräume gedient haben. Viele dieser Befestigungsanlagen scheinen schon während der Bronzezeit angelegt worden zu sein, ein Großteil jedoch erst seit 300 n. Chr.

Etwa zu dieser Zeit gelangte auch der Pflug nach Irland, doch hatte diese neue Errungenschaft zunächst noch wenig Einfluß auf die Wirtschaftsverhältnisse. Der Ackerbau wurde nicht wesentlich ausgebaut, Schätzungen gehen von nur 5 %

Erst um 300 n. Chr. setzte sich auch in Irland der Pflug als Hilfsmittel des Ackerbaus durch, was jedoch die wirtschaftlichen Verhältnisse nicht wesentlich veränderte; Schätzungen zufolge wurden lediglich 5 % des Landes landwirtschaftlich genutzt – man lebte in erster Linie weiterhin von der Viehzucht.

bewirtschafteter Flächen in ganz Irland aus. Man lebte weiterhin von der Viehzucht, und die soziale Stellung wurde vielfach am Besitz von Rindern gemessen. Selbst Ehrenpreise und Wiedergutmachungszahlungen, wie sie in den Sagen und Rechtstexten auftauchen, werden in Kühen angegeben. Adomnán, der Verfasser der Lebensgeschichte des Heiligen Columba, bezeichnet einen Mann, der fünf Kühe besaß, als sehr arm.

Größere Ortschaften wie auf dem Kontinent, in der Forschung als *oppida* bezeichnet, gab es hier draußen bis weit in das Frühmittelalter (9. Jh.) hinein nicht – dafür umso mehr Ringwälle und Fluchtburgen. Manche Historiker wollen über 50.000 solcher Befestigungsanlagen ausfindig gemacht haben. Doch auch wenn diese Zahl im Hinblick auf die sehr dünne Besiedelung der Insel etwas hochgegriffen erscheint, sagt die Tatsache, daß es sehr viele Burgen (*ráths*, *cashels* und *dúns*) gab, einiges über die politische Situation der damaligen

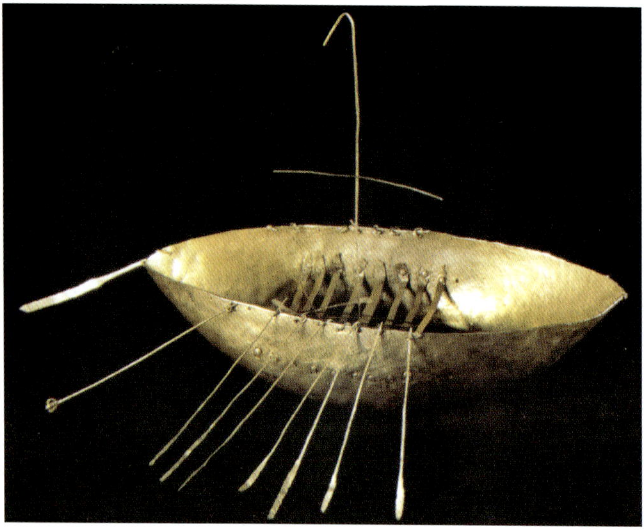

Frühmittelalterliches Modell eines leichten Piratenschiffes, mit dem die Iren die Küsten ihrer Nachbarn unsicher machten; ihr Ruf als gefürchtete Piraten taucht noch Jahrhunderte später in britischen Quellen auf.

Zeit aus. Offenbar haben wir es mit einer sehr kriegerischen Gesellschaft zu tun, die sich gern gegenseitig angriff bzw. ständigen Überfällen von außerhalb ausgesetzt war. Da ein großer Teil der ausgedehnteren Anlangen in Küstennähe zu finden ist, müssen wir davon ausgehen, daß viele feindliche Angriffe über das Meer erfolgten, sei es nun durch andere irisch-keltische Gegner oder durch Feinde von „Übersee“. Schiffe selbst sind zwar bisher keine von den Archäologen entdeckt worden, wohl aber ein kleines Modell eines Bootes. Es besteht kein Zweifel, daß es sich hierbei um ein leichtes Piratenboot handelt, ausgestattet mit Ruder und Segel, mit dem man in seichten Küstengewässern sehr effiziente Überfälle starten konnte – ganz so wie später die Wikinger. Die britischen Nachbarn im Osten scheinen häufig heimgesucht worden zu sein, denn zum einen ist die Entfernung zwischen den Inseln nur sehr gering und einfach zu überwinden, und zum anderen hält sich das Bild der irischen Piraten und Plünderer in den britischen Quellen sehr hartnäckig bis weit in das Hochmittelalter hinein.

Wie wichtig den Kelten auf dem Kontinent der Krieg war, zeigt die Stellung der Krieger innerhalb der Gesellschaft, wie sie von den römischen Zeitgenossen beschrieben wird. Ähnliche Verhältnisse kann man mit Sicherheit auch für Irland annehmen, zumal in späterer Zeit, die wir „Heroic Age“ nennen, solche Sozialstrukturen in den Sagen überliefert sind.

Auf dem Kontinent und auch in Britannien sollte indes bald schon ein neuer Wind wehen, denn die Römer begannen sich auszudehnen und alles in ihr Reich einzuverleiben, was sich nicht mit Zähnen und Klauen wehrte. Nur die kleine grüne Insel am Rande der Welt scheint ihnen nicht interessant genug gewesen zu sein. Ihre frühen Geschichtsschreiber nennen sie

Hibernia, heute oft fälschlich mit Winterland übersetzt. So ganz unpassend wäre das freilich nicht, denn aus römischer Sicht dürften gerade die britischen Inseln mit ihrem unwirtlichen Klima den sonnenverwöhnten Römern wie zwölfmonatiger Winter erschienen sein. Doch tatsächlich stammt der Begriff einfach vom griechischen Namen für Irland, Evernia oder Ebernia, ab. Später hießen die Iren auf dem Kontinent allgemein nur die Scoti oder Scotti – auch ein von den Römern kreiertes Wort, abgeleitet von einem einzelnen inselkeltischen Stamm, der sich später im Norden Britanniens niederließ und dem heutigen Schottland seinen Namen gab. Die Bezeichnung Irland ist viel jünger und stammt interessanterweise aus dem Skandinavischen der Wikingerzeit, genauer gesagt um 800 n. Chr.

Gerade weil Irland nie römisch wurde, konnte sich die keltische Kultur hier ungestört weiterentwickeln und bis ins Frühmittelalter hinein erhalten, wohingegen sie auf dem Kontinent von der römischen und später germanischen überlagert wurde und mit der Zeit ausstarb.

HEROIC AGE

Wie es nun im frühmittelalterlichen Irland ausgesehen hat, welche gesellschaftlichen Strukturen es gab, ja sogar wie es im Alltagsleben zuging – darüber wissen wir dank der vielen Rechtstexte und vor allem der irischen Heldenepen erstaunlich gut Bescheid. Das wohl bekannteste Epos ist der „Rinderraub von Cooley“ (*Táin Bó Cúailnge*), dessen erste Fassung vermutlich bereits im 6. Jahrhundert entstand. Es handelt in der Zeit vor der Christianisierung – ein Zeitalter, das wir heute passenderweise „Heroic Age“ nennen – und erzählt

Ulster
Emain Macha
Westport
Connacht
Kells
Tara
Meath
Galway
Dublin
Glendalough
Leinster
Wicklow
Limerick
Cashel
Munster
Wexford
Waterford
Cork
Skellig Michael

vom Kampf der Männer von Ulster unter König Conchobar gegen die Provinz Connacht unter der Herrschaft König Aillls und dessen Frau Medb. Hauptheld ist Cú Chulainn, einer der Gefolgsleute Conchobars, der allerdings im Laufe der Geschichte den Tod findet.

Irland ist zu dieser Zeit politisch gesehen ein Flickenteppich – und das soll sich bis ins 12. Jahrhundert hinein nicht wesentlich ändern. Aus den vielen keltischen Einzelgehöften und kleineren Ansiedlungen haben sich Herrschaftsgebiete entwickelt, in denen zwar etwas mehr Menschen leben, die aber im Grunde genommen die vorgeschichtlichen Strukturen beibehalten haben. Es gibt Hunderte von kleinen Königreichen mit mehr oder weniger mächtigen Herrschern an der Spitze, die sich ständig untereinander bekämpfen.

Grob gesehen war die Insel seit mythischer Vorzeit etwa auf der Linie Galway-Dublin in zwei Hälften geteilt: Die nördliche war die Seite des Conn, Leth Cuinn genannt, die südliche gehörte Mug Nuadat und hieß demnach Leth Moga. Diese beiden Helden lassen sich allerdings nicht historisch nachweisen, sondern entstammen lediglich der Sagenwelt. Die Hälften waren wiederum in die Provinzen Ulster und Connacht im Norden sowie Leinster und Munster im Süden zergliedert. Später sollte zwischen Ulster und Leinster noch eine Fünfte, Meath (für das Mittelland), hinzukommen. Das altirische Wort für Provinz heißt entsprechend auch *cóided* und bedeutet wörtlich übersetzt „ein Fünftel".

Jede Provinz wurde von einem König, dem *rí ruirech*, regiert. Ihm unterstanden allerdings unzählige Kleinkönige, die *ruiri*, von denen wiederum kleinere Herrscher, die *rí*, persönlich abhängig waren. Zwar stand der König der Provinz rechtlich über allen, aber de facto übten sie ihre eigene Herrschaft sehr selbständig aus. Das Königtum war sakraler Natur, der

König hatte eine Art priesterlichen Status und mußte körperlich unversehrt sein. Daran änderte auch die im 5. Jahrhundert beginnende Christianisierung Irlands nichts. Die Stärke des Königs spiegelte die Stärke seines Volkes wider. Fiel er im Kampf, verlor damit automatisch das ganze Volk den Krieg. Dieses Volk (die *túath*) gliederte sich in Adlige, Freie mit unterschiedlichem Rechtsstatus und Unfreie. Adel und Freie fanden sich einmal jährlich zur Volksversammlung (*óenach*) unter freiem Himmel zusammen, bei der der König den Vorsitz führte.

Schon kurz nach dem Regierungsantritt wurde geregelt, wer dem König nach seinem Tod auf den Thron folgen sollte. Alle männlichen Verwandten konnten zum Erben bestimmt

Solche Luren wurden in einer Schlacht geblasen, um mit ihrem Dröhnen den Feind schon vor Beginn des Kampfes zu demoralisieren.

werden, also nicht nur Söhne, Enkel und Urenkel, sondern auch Brüder, Onkel, Vettern und Neffen. Dann mußte nur noch die Volksversammlung den geeignetsten Bewerber bestätigen und die Dichter (*fili*) ihn öffentlich ausrufen. Daß das nicht immer ohne Streit vonstatten ging, versteht sich von selbst. Am Ende bestieg also nur derjenige den Thron, der sich gegen alle seine Gegner hatte durchsetzen und das meiste kriegerische und wohl auch diplomatische Geschick beweisen können. Von verschiedenen Königreichen, darunter auch Tara, kennen wir eine Art Einweihungszeremonie, mit der der neue König in sein Amt gehoben wurde. Bei diesem *feis*, „Fest", schlief der König symbolisch mit seinem Volk, was wir uns sicherlich in Form eines Fruchtbarkeitsritus' mit einer ausgewählten Priesterin vorstellen dürfen.

Die Hauptaufgabe des Königs war der Schutz seines Volkes vor äußeren Feinden. Das heißt, er mußte Kriegszüge selbst anführen und stets an der Spitze des Heeres kämpfen. Bei den Versammlungen seines Volkes führte er jedoch lediglich den Vorsitz, Entscheidungen über Rechtsfragen fällten die Druiden oder später nach der Christianisierung die gesamte Versammlung. Ja, nicht einmal für die Durchführung des Rechts oder die Ahndung von Verstößen hatte der König zu sorgen. So oblag es beispielsweise der Sippe selbst, Blutrache für ein Verbrechen an einem ihrer Mitglieder zu üben oder eine entsprechende Entschädigung zu fordern.

KRIEGER UND HELDEN

Die wichtigste gesellschaftliche Schicht war natürlich der Adel, zu dessen obersten Pflichten die Heeresfolge zählte. Außerdem mußte jeder Adlige dem König Abgaben zahlen und eine bestimmte Anzahl Geiseln stellen, die seine Loyalität sichern sollten. War der König im Land unterwegs, hatte jeder Adlige sein Heim als Unterkunft zur Verfügung zu stellen und für eine angemessene Verköstigung zu sorgen – bei der Größe der königlichen Gefolgschaft ein nicht gerade billiges Unterfangen. Doch es gehörte zum Ehrenkodex, sich gegenseitig bei der Bewirtung des Königs zu überbieten, denn was würden sonst die Dichter in ihren Werken verbreiten? Und Ruhm zu ernten und sich kriegerisch besonders hervorzutun, gehörte zu den Hauptaufgaben eines adligen Kriegers.

Die keltische Gesellschaft war geprägt von diesem Heldentum, wobei man jedoch nicht allein durch besondere Taten zum Helden avancieren konnte, sondern nur durch Geburt überhaupt erst dazu befähigt war. Je mehr Ruhm ein Krieger im Kampf erwarb, desto größer wurde die Zahl der Männer, die er um sich scharte und in neuen Feldzügen anführte: seine Gefolgschaft. Diese bestand aus freien Männern, allerdings niedrigeren Standes als sein eigener. In den altirischen Texten taucht in diesem Zusammenhang oft die Umschreibung „dreimal fünfzig Mann" auf, was darauf schließen läßt, daß etwa 50 Mann als Gefolgschaft normal waren und somit eine Art Maßstab darstellten. Alles, was darüber hinausging, galt als besonders angesehen und die Person als umso heldenhafter.

Zur Ausbildung eines Kriegers gehörte es, als Jugendlicher an einen anderen Hof zu gehen und dort den Umgang mit Waffen, Pferden und allem anderen zu lernen, was ein künftiger Held wissen und können mußte. Der Zögling (*daltae*) si-

Speer und Schild – zusammen mit dem Schwert die waffentechnische Grundausstattung eines Kriegers.

cherte damit zugleich den Frieden zwischen den Adelssippen und fungierte als eine Art freiwillige Geisel. Meist lebten mehrere Zöglinge verschiedener Familien an einem Hof, so daß die jungen Krieger wie Geschwister aufwuchsen und rechtlich sogar oft den leiblichen Kindern des Ziehvaters gleichgestellt waren.

Adlige Krieger kämpften vorzugsweise vom Streitwagen aus.

Im Altirischen hieß ein Krieger *gaiscedach*, was sich von *gaisced* ableitete, der gemeinsamen Bezeichnung für Speer und Schild. Diese beiden Waffen stellten zusammen mit dem Schwert die Grundausrüstung eines Kriegers dar. Er kämpfte in der Regel zu Fuß oder zu Pferde, und wenn er von hoher adliger Abstammung war, von einem zweirädrigen Streitwagen aus, der von zwei Pferden gezogen und von einem Wagenlenker geführt wurde. Letzterer stand gesellschaftlich unter dem Krieger, genoß jedoch dessen absolutes Vertrauen. Vom Streitwagen aus schleuderte der Krieger zuerst seinen Speer, bevor er herabsprang, zum Schwert griff und zu Fuß weiterkämpfte. Es sollte allerdings nicht unerwähnt bleiben, daß die Archäologen bisher keine materiellen Reste von Streitwagen in Irland gefunden haben. Wir sind also wieder einmal auf die Aussagen in den überlieferten Sagen angewiesen.

Üblicherweise suchte der Held den Zweikampf, denn hierbei konnte er den größten Ruhm erwerben. Der Gegner mußte gleichen Standes sein – etwas anderes kam natürlich allein schon aus Gründen des Ehrenkodexes nicht in Frage. Als Trophäe schlug der Sieger den Kopf des Unterlegenen ab und

Aus solchen Schalen tranken die Krieger der Heldensagen bei den Gelagen ihr Bier oder den Met.

nahm ihn mit. Dieser uns doch recht blutrünstig anmutende Brauch beruhte auf der religiösen Vorstellung, daß der Kopf der Sitz der Seele sei. Mit dem Schädel nahm man dem Besiegten die Kraft und besaß dessen Macht. Je mehr abgetrennte Köpfe man in seiner heimischen Halle vorweisen konnte, umso größer natürlich die eigene Bedeutung und der Ruhm gegenüber den anderen Helden. Ähnliches galt auch für den – aus heutiger Sicht alles andere als ehrenhaften – Raub von Vieh, wie uns im „Rinderraub von Cooley" sehr plastisch vermittelt wird.

Ob die irischen Krieger genauso waidblau bemalt in die Schlacht zogen wie ihre britischen Nachbarn, von denen Caesar berichtet, können wir heute nicht mehr mit Sicherheit sagen, doch ist es wahrscheinlich, denn auch von den anderen keltischen Völkern auf dem Kontinent kennen wir solche Schilderungen. Inwiefern sich das während des Mittelalters änderte, wissen wir ebenfalls nicht, doch scheinen spätestens die irischen Gegner Heinrichs II. im 12. Jahrhundert nicht mehr nackt und bunt bemalt zum Kampf angetreten zu sein – denn darüber wären wir sicherlich informiert.

Außerhalb des Krieges übten die Kämpfer nicht nur den Umgang mit den Waffen oder das Fahren auf den Streitwagen, sondern trainierten ihren Körper auch mit sportlichen

Betätigungen. Beliebt war ein Ballspiel namens *báire*, das dem heutigen Hurling glich und mit Holzschlägern gespielt wurde. Abends kam man dann in der Halle des Hauses zum Gelage zusammen. Es gab ein Festmahl, bevorzugterweise aus gekochtem Schweinefleisch, dazu Met, Bier und Milch. Dem tapfersten Helden gebührte das größte und beste Stück des Fleisches, und ihm kam auch die Ehre zu, das Tier anzuschneiden und die Stücke zu verteilen.

Bunt bemalt und bis auf den Torques um den Hals nackt – so zog ein frühmittelalterlicher irischer Krieger vermutlich in den Kampf.

Man saß im Kreis auf dem Boden auf Fellen oder getrocknetem Gras, laut dem römischen Geschichtsschreiber Diodorus Siculus nach einer strengen Rangordnung gruppiert: in der Mitte der Gastgeber oder der Ehrengast, zu beiden Seiten die übrigen Adligen, und zwar die edelsten zuerst. Hinter ihnen standen die Schildträger, untergeordnete Männer aus der Gefolgschaft, und im Kreis gegenüber saßen die Speerwerfer. Die Speisen wurden auf niedrigen Holztischen serviert, die vor die Männer gestellt wurden.

Musik durfte natürlich auch nicht fehlen. Die Dichter (*fili*) besangen die Heldentaten ihres Herren und seiner Vorfahren und priesen deren hervorragende Eigenschaften. Die Gegner wurden natürlich geschmäht und verhöhnt. Daß solche Preislieder nicht immer ganz den Tatsachen entsprochen haben dürften, versteht sich von selbst. Aber wer würde es einem Dichter auch verübeln? Schließlich galt schon damals der

Das Schlachten eines Rindes war laut der irischen Heldensagen ein wichtiger Bestandteil eines königlichen Festmahls.

Leitsatz, den sich später noch die Minnesänger des Mittelalters auf die Fahnen schrieben: Wes' Brot ich eß, des' Lied ich sing... Aber so ganz paßt der Vergleich mit den mittelalterlichen Nachfahren nicht, denn die Barden der irischen Höfe genossen hohes Ansehen und standen gesellschaftlich dem Hausherrn in Ansehen und Rang nicht nach. Da sie allerdings nicht kämpfen konnten, benötigten sie seinen militärischen Schutz.

Für uns bedeuten diese Heldenlieder indes, daß das Leben der vorchristlichen Iren so gut überliefert ist. Zur damaligen Zeit gab es noch keine Geschichtsschreibung, so daß wir keine schriftlichen Zeugnisse haben, und die wenigen archäologischen Reste würden nur ein sehr unvollständiges Bild des altirischen Lebens vermitteln.

KLEIDUNG UND AUSSEHEN

Auch im Hinblick auf das Aussehen der Menschen sind diese Lieder sehr aufschlußreich, ebenso die Darstellungen der römischen Schriftsteller. Die Krieger werden als groß und stark mit langem Haupthaar beschrieben, das von der Stirn rückwärts nach hinten gekämmt wurde. Außerdem wuschen sie ihre Haare regelmäßig mit Kalkwasser, um sie zu färben und gleichzeitig dicker und spröder zu machen, damit sie buschiger wirken sollten. Üblicherweise rasierte man sich das Gesicht bis auf einen Oberlippenbart glatt, der jedoch an den Mundwinkeln lang herunterwuchs und zuweilen mit einer Art Pomade nach oben gezwirbelt wurde. Aus römischer Sicht wirkte die Erscheinung eines Kelten folgendermaßen: „Fast alle Kelten sind hochgewachsen, von heller Hautfarbe und rotblond. Ihr Blick ist furchterregend, sie selbst sind

Typisches Aussehen eines adligen Kelten: glattrasiert bis auf den nach oben gezwirbelten Oberlippenbart, das Haar mit Pomade über den Scheitel nach hinten gekämmt und den Torques um den Hals gelegt.

streitsüchtig und unerträglich anmaßend." (Ammianus Marcellinus). „Sie tragen ihr Haupthaar lang, sind sonst rasiert, außer eben am Kopf und an der Oberlippe." (Gaius Iulius Caesar). „Sie haben einen hohen Wuchs, einen kraftvollen Körper und eine weiße Haut, sie sind von furchterregendem Anblick, ihre Stimmen tieftönend und rauh … Ihre Edlen rasieren sich die Wangen, den Schnauzbart dagegen lassen sie lang wachsen, so daß der Mund ganz verdeckt wird. Daher kommt er ihnen beim Essen zwischen die Speisen, und das Getränk fließt wie durch einen Seiher hinein ... Das Haar ist nicht nur von Natur aus blond, sondern sie verstärken diese eigentümliche Farbe noch durch künstliche Behandlung. Sie waschen nämlich die Haare immerfort mit gekalktem Wasser und streichen es von der Stirn zurück gegen Scheitel und Nacken, so daß ihr Aussehen dem der Satyrn und Pane gleicht. Die Haare werden von dieser Behandlung immer dicker, so daß sie sich von einer Pferdemähne nicht mehr unterscheiden." (Diodoros Siculus).

Die Kleidung der Männer bestand aus einer langen weiten Hose (*braccae*, *breeches*) mit einer langärmeligen Tunika darüber und einem Mantel oder Umhang um die Schultern. Bei den Frauen ersetzte eine längere Untertunika die Hose. Manche Forscher sind überzeugt, daß bei einigen irischen Stämmen auch die Männer keine Hosen getragen haben, doch gibt es hierfür keine eindeutigen Belege.

Zum Schließen der Gewänder gab es eine breite Palette Fibeln, Gewandnadeln also, die mit kunstvollen Ornamenten verziert waren. Der Mantel wurde beispielsweise stets auf der rechten Schulter mit einer Brosche zusammengehalten. Dazu trug man(n) Gürtel, in Adelskreisen vor allem Schwertgürtel. Der Chronist Strabon schreibt in seiner „Erdbeschreibung": „Sie waren bestrebt, nicht fett und nicht dickbäuchig zu wer-

Mit solchen Fibeln wurden die Gewänder auf den Schultern (Abb. oben) oder am Hals (Abb. unten) geschlossen; ähnlich wie unsere heutigen Knöpfe; manche Gewandnadeln waren wahre Kunstwerke der Feinschmiedearbeit.

den; und wer so dick wurde, daß er den Gürtel nicht mehr schließen konnte, wurde mit einer Strafe belegt.“ Überhaupt legten die Männer großen Wert auf ihr Äußeres und auch auf Schmuck. Sie trugen Armreifen und Halsringe, die *torques*, die einen magischen Charakter besaßen und die sie selbst in der Schlacht nicht ablegten, obwohl man(n) ja sonst am liebsten nackt kämpfte.

Ein weit verbreitetes Kleidungsstück der Frauen (nicht nur in Irland, sondern beinahe überall zwischen Nordsee, Ostsee und Mittelmeer) war der *peplos*: zwei an der Seite gegürtete Rechtecke, mittels Fibeln an den Schultern befestigt oder auch mit Zierketten verknüpft, die bis zum Boden herabreichten. Daneben trug frau waden– oder knöchellange Wickelröcke, deren Saum nicht über den Boden schleifte. Dazu passend schmückte sie sich mit Fußringen, die um die Knöchel getragen wurden und bei längeren Röcken nicht zur Geltung gekommen wären. Über das Schuhwerk sind wir leider nicht informiert. An Schmuck übertrumpften die Damen ihre Männer noch um Längen. Halsringe, –ketten und –spangen aus Bronze, Glasperlen, Bernstein und Korallen waren ebenso beliebt wie Armreife, Hüftgürtel und Broschen jedweder Art und Zusammensetzung. Ohrringe und Fingerringe, wie sie im Mittelmeerraum und schließlich auch auf dem Kontinent in Mode kamen, erreichten Irland erst sehr viel später. Auch die in Mitteleuropa bei den Keltinnen so gern getragenen Schlä-

Der Torques, unverzichtbares Schmuckstück der Männer, das stets um den Hals getragen wurde.

fenringe – große Reifen von bis zu 25 cm Durchmesser, die an einem Stirnreif befestigt wurden und von den Schläfen parallel zu den Ohren herabhingen – scheint es in Irland nicht gegeben zu haben.

Interessanterweise läßt sich am Schmuck nicht nur der finanzielle und gesellschaftliche Status einer Frau ablesen, sondern offenbar auch ihr Alter. So trugen zum Beispiel ältere Frauen mehr Fibeln auf den Schultern als junge Mädchen. Gleiches gilt für die Fuß– und Knöchelringe, wobei es sich hier auch um ein Zeichen von verheiratet oder nicht handeln konnte.

Als Schönheitsideale der Frauen galten lange schwarze Haare, blaue Augen, helle Haut und weiße Zähne. In Gräbern haben die Archäologen Pinzetten gefunden, die wahrscheinlich zum Auszupfen lästiger Haare und zu dichter Augenbrauen benutzt wurden, dazu Spiegel und andere kosmetische Gerätschaften. Daß sich keltische Frauen geschminkt haben, bezeugt ein Zitat des römischen Dichters Properz, der seiner Geliebten vorwirft, sich das Gesicht so bunt wie eine Keltin zu bemalen. Kleine Bronzegegenstände, die man als Kosmetikmörser identifiziert hat, dürften zur Herstellung von frühgeschichtlichem Rouge und Lidschatten gedient haben.

Über die Haartrachten lassen sich leider kaum Aussagen treffen. Laut den römischen Darstellungen sollen die Frauen ihre Haare lang und offen getragen haben. Einige Funde, vor allem bei Moorleichen, deuten jedoch darauf hin, daß auch Zöpfe oder grundsätzlich geflochtenes und hochgestecktes Haar beliebt waren. Einige Bestattungen enthielten zudem Nadeln, die rings um den Schädel gefunden wurden und auf komplexere Frisuren hindeuten, die möglicherweise noch mit Stoffen geschmückt waren. Auf einigen steinernen Skulpturen der damaligen Zeit kann man Tücher und Schals erkennen,

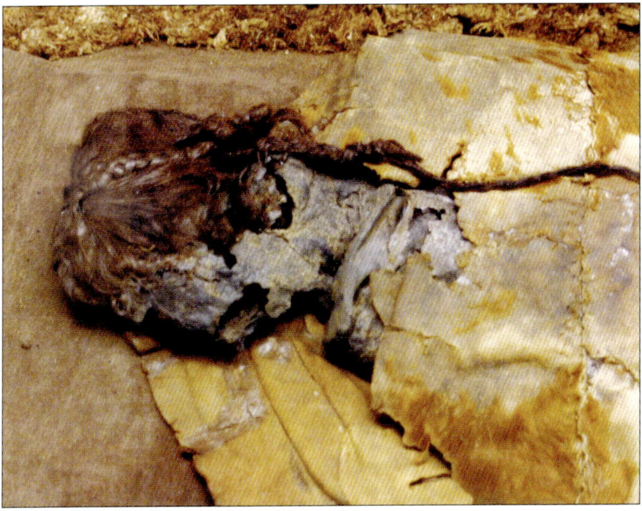

Über die Haartracht der irischen Frauen läßt sich kaum etwas gesichertes sagen; in Frauengräbern auf Kopfhöhe gefundene Nadeln deuten jedoch auf Hochsteckfrisuren, festgesteckte Textilien oder zumindest Haarnadeln als Kopfschmuck hin; eisenzeitliche Moorleichen weisen zudem geflochtene Zöpfe in allen möglichen Variationen auf.

die die Frauen um Kopf und Schultern gewickelt trugen.

Die Stoffe für die Kleidung beiderlei Geschlechts waren damals bereits bunt kariert – eine Tradition, die sich bekanntermaßen in Schottland am längsten gehalten hat. Meist bestanden sie aus Wolle oder Leinen, seltener wurden Seidenreste nachgewiesen. In Adelskreisen konnten die Stoffe manchmal auch mit Goldfäden durchwirkt oder reich mit Stickereien verziert sein. Da es sich bei den Färbemitteln um Pflanzenstoffe handelte, dürften die Farben schnell verblaßt sein. Ob man die Kleidung dann neu einfärbte, bleibt unserer Phantasie überlassen.

STELLUNG DER FRAU

Den Frauen kam übrigens eine besondere Stellung innerhalb der Gesellschaft zu. Sie waren genauso frei wie die Männer, scheinen jedoch rechtlich gesehen einen niedrigeren Stellenwert gehabt zu haben, denn laut verschiedener Gesetzestexte bekamen sie beispielsweise als Wiedergutmachung für ein Vergehen nur halb so viel Entschädigung wie ein Mann, dem dasselbe Unrecht widerfahren war. Wir kennen allerdings auch einige Frauen, die politisch eine bedeutende Rolle spielten und keineswegs im Schatten ihrer Männer standen. Bekanntestes Beispiel dürfte die Königin Boudicca sein, die im 1. Jahrhundert n. Chr. einen Aufstand vieler keltischer Stämme und Kleinkönigreiche in Britannien anführte und der römischen Besatzung argen Widerstand leistete. Da solch ein Verhalten bei den britischen Königinnen absolut untypisch war, vermuten heutige Historiker, Boudicca könnte irischer Abstammung gewesen sein. Die sagenumwobenen Königinnen der grünen Insel waren geradezu berüchtigt für ihre Kriegskunst, man denke nur an Königin Medb von Connacht aus dem Rinderraub von Cooley.

Was die Ehe anging, so hatten die Frauen ebenfalls durchaus ein Mitspracherecht (zumindest in Adelskreisen). Beide Partner brachten gleiche Geldmengen in die Ehe ein und teilten den Zugewinn. Starb einer der beiden, erbte der Überlebende alles – egal, ob Mann oder Frau. In vorchristlicher Zeit war auch die Scheidung kein Problem. In den altirischen

Nur wenige Frauen spielten eine wichtige politische Rolle; eine von ihnen war Königin Boudicca, die im 1. Jh. n. Chr. eine Revolte in Britannien anführte; manche Forscher gehen davon aus, daß sie irischer Abstammung gewesen sein könnte.

Sagen findet sich kaum eine Königin, die nicht mehrere Liebhaber neben ihrem eigentlichen Gatten gehabt hätte. Mit der Monogamie nahmen es die Iren ohnehin nicht so genau. Laut dem Bretha Crólige, einem frühmittelalterlichen Rechtstext, durfte ein Mann sogar drei legitime Ehefrauen besitzen, und zwar die Hauptfrau, die Konkubine und die Geliebte. Bemerkenswerterweise wurde diese Quelle verfaßt, als Irland schon längst christianisiert war. Entsprechend versäumt es der Autor auch nicht, in der Begründung des Gesetzes auf die Bibel hinzuweisen, wonach die alttestamentarischen Könige ja auch rechtmäßig in Polygamie gelebt hätten.

Aus der Sicht der Römer waren die keltischen Frauen barbarisch und wild. Auch wenn die Aussagen der meisten römischen Chronisten hauptsächlich auf kontinentale oder britische Keltinnen gemünzt sind, können wir doch ähnliche Verhältnisse auch für Irland konstatieren. Ammianus Marcellinus beispielsweise schreibt über sie: „Wenn ein Kelte Streit anfängt und seine Frau ihm zu Hilfe kommt, die bedeutend stärker ist als er und grauäugig, nimmt es keine Schar von Männern mehr mit ihm auf, besonders dann, wenn sie mit geschwollenem Nacken und zähneknirschend die schneeweißen Arme schwingt und beginnt, abwechselnd Faustschläge und Fußtritte auszuteilen, wie Wurfgeschosse, die von gedrehten Bogensehnen geschleudert werden. Furchtbar und drohend sind die Stimmen der meisten, ob sie friedlich sind oder erzürnt, aber dennoch sind sie alle gleich gepflegt und sauber."

Die Keltinnen sahen sich indes den römischen Frauen in vielerlei Hinsicht überlegen. Cassius Dio berichtet über die Gattin eines keltischen Fürsten, die von der Kaiserin Julia Augusta wegen ihrer lockeren Moral im Hinblick auf die Männer getadelt wurde. Die Keltin soll geantwortet haben: „Wir erfüllen die Notwendigkeiten der Natur weitaus besser als ihr, denn wir verkehren ganz offen mit den besten Männern, wohingegen ihr euch heimlich von den Minderwertigsten befriedigen laßt."

DRUIDEN UND GELEHRTE – DIE RELIGION

Ein weiterer sehr wichtiger Bestandteil der irischen Gesellschaft waren die Gelehrten. Neben den bereits erwähnten Dichtern gehörten auch die Rechtsgelehrten (*brithemin*) und vor allem die Druiden (*druí*) dazu. Letztere waren Priester und Geschichtsüberlieferer zugleich. Ihre Ausbildung dauerte zwischen sieben und zwölf Jahren, und in dieser Lehrzeit lernten sie sämtliche überlieferten Traditionen, religiöses, magisches und medizinisches Wissen, die Stammbäume der Herrscher und natürlich die geschichtlichen Ereignisse ihrer Stämme in Liedform auswendig. Schriftliche Überlieferung an die Nachwelt gab es nicht, alles wurde mündlich von Generation zu Generation weitergegeben und stets in gesungener Form vorgetragen. Bei allen politischen Versammlungen waren sie anwesend und wirkten beratend mit. Der oberste Druide eines Volkes stand im gesellschaftlichen Rang auf derselben Stufe wie der König. Politisch und rechtlich gesehen genossen sie nicht nur innerhalb ihres Volkes uneingeschränkte Sicherheit und Schutz, sondern überall auf der Insel. Niemand, auch nicht der ärgste Feind hätte es gewagt, Hand an den Druiden eines anderen Stammes zu legen. Manche Historiker vermuten sogar regelmäßige Zusammenkünfte der obersten Gelehrten aller Stämme, doch gibt es hierfür keine fundierten Zeugnisse. Sicherlich wird aber gerade diese Einheit, die weit über die Volkszugehörigkeit hinausging, wesentlich zur kulturellen Verschmelzung der irischen Völker und Sip-

Die Berechnung des Kalenders gehörte zu den wichtigsten Aufgaben der Druiden; dieses bronzene Exemplar ist einer der sehr wenigen überlieferten Kalender der damaligen Zeit, der wahrscheinlich unter römischem Einfluß entstand.

pen beigetragen und die eigenständige Entwicklung der keltischen Kultur Irlands gegenüber der in Britannien oder auf dem Kontinent gefördert haben.

Eine weitere wichtige Aufgabe der Druiden war die Berechnung des Kalenders. Grundsätzlich wurde das Jahr in zwölf namentlich gekennzeichnete Mondmonate zu abwechselnd 29 und 30 Tagen eingeteilt. Um den Kalender an das

Sonnenjahr anzupassen, schob man alle drei Jahre einen Schaltmonat mit 30 Tagen ein. Im Ganzen gesehen war das Jahr zweigeteilt in eine dunkle Hälfte im Winter und eine lichte im Sommer. Das Jahr begann mit der dunklen Zeit, und zwar am 1. November, dem Samain-Fest. Der 1. Mai, Beltane, läutete den Beginn des Sommers ein. Dazwischen gab es noch zwei kleinere Feste, Imbolc am 1. Februar und Lugnasad am 1. August. Die Bedeutung der einzelnen Feiern schwankte allerdings regional. Auf dem Kontinent beispielsweise, wo der Gott Lug als Hauptgott verehrt wurde, war Lugnasad das Hauptfest des Jahres, in der Region um das südenglische Bath war es Imbolc, in Irland Samain und Beltane.

Die Funktion der Druiden bei den Feierlichkeiten konnte genauso variieren. Selten führten sie selbst die Opfer aus, sondern überwachten lediglich die korrekte Abfolge der Rituale. Generell galten sie als Vermittler zwischen der Menschen– und der Götterwelt, wobei die Götter im Alltagsleben auch in der noch so geringsten Situation gegenwärtig waren. Der keltische Götterhimmel bestand aus vielen Gottheiten, darunter die Große Mutter, der gehörnte Cernunnos, Dagda, Lug, Brigid, Esus, Taranis, Teutates – um nur einige zu nennen. Hierbei gab es ebenfalls regionale Unterschiede, sowohl im Hinblick auf die Namen als auch auf die Zuständigkeit und die rituelle Verehrung. In der irischen Überlieferung beispielsweise gliederte sich der Götterhimmel ähnlich wie die Stämme der Sterblichen: An der Spitze stand der Stammesgott mit seiner Gefährtin, darunter folgten einzelne Gottheiten für bestimmte Aufgaben wie etwa Heilkunst, Handwerk oder Gelehrte. Über allem stand die Große Erdmutter, quasi als Göttin aller Stammesgötter, die wir aus der Erzählung über die *Túatha Dé Dannan*, die „Stämme der Göttin Dannan“ aus der irischen Mythologie kennen. Die Stammesfürsten und Könige

Cernunnos, der keltische Hirschgott

wiederum leiteten ihre Vorfahren von den Stammesgöttern her.

Über die konkreten Rituale und Festlichkeiten, die an den wichtigen Terminen stattfanden, sowie über grundsätzlich alles aus dem großen Bereich der Religion sind wir indes nur sehr bruchstückhaft informiert. Gerade die neokeltischen Religionsbewegungen des 19. und 20. Jahrhunderts haben ein sehr verzerrtes Bild der damaligen religiösen Sphäre verbreitet, das heutige Forscher nur sehr schwer wieder geraderücken können. Am sinnvollsten ist es festzuhalten, daß wir im Grunde genommen nichts gesichertes wissen und sehr viel spekulatives in Umlauf ist, das sich anhand der mageren archäologischen und historischen Quellenlage weder verifizieren, noch vollständig verneinen läßt.

DIE CHRISTIANISIERUNG

Ein Volk, für das Religion eine so tiefe Bedeutung besaß, war natürlich besonders empfänglich für die neue Bewegung, die sich seit der Kreuzigung eines gewissen jungen Nazareners ausgebreitet und im 5. Jahrhundert auch Irland erreicht hatte. Die Christianisierung der grünen Insel ist untrennbar mit dem Namen des Heiligen Patrick verbunden. Dennoch streiten sich die Historiker, ob er nun tatsächlich der erste war, der den neuen Glauben nach Irland brachte. Wie auch immer – fest steht, daß Patrick eine herausragende Rolle bei der Missionierung spielte und viele Strukturen der frühen irischen Kirche auf ihn zurückgehen.

Geboren wurde er um 415 n. Chr. in der Gegend von Carlisle. Seine Eltern waren wohlhabend, der Vater ist als Kirchendiakon und *decurio* (eine Art römischer Ratsherr) be-

Die Christianisierung Irlands ist untrennbar mit dem Namen des Heiligen Patrick verbunden; er lebte in der zweiten Hälfte des 5. Jh.

zeugt. In Britannien aufgewachsen, war Patrick geprägt vom strengen provinzialrömischen Verwaltungssystem, nach dessen Vorbild er die Kirchenorganisation in Irland aufbaute. Er beschrieb sich selbst als Römer und Britannier, seine Muttersprache dürfte das Britannische gewesen sein. Im Alter von 16 Jahren entführte ihn eine irische Piratenbande auf die grüne Insel, wo er sechs Jahre lang als Sklave lebte, bis ihm schließlich die Flucht gelang. Auf einem Schiff setzte er nach Gallien über. Manche Forscher mutmaßen, daß er zunächst die Bretagne bereiste, bevor er nach Britannien zurückkehrte. Zu Hause angelangt, empfing Patrick bald schon die Priesterweihe und wurde Bischof. 455 n. Chr. ging er jedoch wieder nach Irland, denn er fühlte sich verpflichtet, die heidnische Bevölkerung zum Christentum zu bekehren. Nur wenige Meilen von Emain Macha entfernt errichtete er in der Festung Armagh seinen ersten Bischofssitz.

Der neue Glaube verbreitete sich ohne Gewalt, denn die meisten irischen Könige ließen sich bereitwillig bekehren und stellten Patrick sogar Land zur Verfügung, um Kirchen darauf zu errichten. In ihrer Anlage waren diese frühen Kirchen sehr einfach: ein kleines steinernes Bethaus, dazu ein Gebäude für die Priester und vielleicht eine eigene Küche, alles umfriedet mit einer runden Einfassung aus Stein. Zu jeder Kirche gab es einen Bischof, der die Leitung über die dazugehörige Region innehatte. Gerade darin lag die Schwierigkeit, denn die irische Gesellschaft war von jeher ein loser Verband voneinander unabhängiger Stämme, und diese unter eine einheitliche religiöse Verwaltung zusammenzuschließen, schien zunächst ein Ding der Unmöglichkeit. Doch Patrick hatte Erfolg, wenn auch nur kurzfristig.

Im 6. Jahrhundert begegnen uns bereits die ersten Klöster, die der keltischen Kirche von nun an ihre besondere Note verleihen sollten. Die bischöfliche Organisationsstruktur verschwand. Angefangen hatte es mit einigen Mönchen, die auf Reisen nach Britannien die Werte der Askese kennengelernt und mit auf die Insel zurückgebracht hatten. Sie zogen sich in unwirtliche Gegenden zurück und führten ein Leben in Abgeschiedenheit, Einsamkeit und Verzicht. Inspiriert von dieser Askese scharten sich weitere Mönche um die Einsiedler, man gründete größere Gemeinschaften, die Idee einer Klosterfamilie war geboren. Bald schon wurden die meisten Kirchen und ehemaligen Bischofssitze in Klöster umgewandelt, und die irische Kirche beschritt einen völlig anderen Weg als ihre römische Kollegin auf dem Kontinent. Bedenkt man die Strukturen der vorchristlichen keltischen Gesellschaft, so sind die Gründe für diese Entwicklung leicht zu verstehen. Ein Kloster mit einem Abt an der Spitze und einer um ihn versammelten Familie entsprach vom Prinzip her dem des Stammes unter der Führung eines Königs, nur eben in religiöser Hinsicht. Daß sich die Iren viel leichter in diese Art der Verwaltungsorganisation einfügten als in Patricks römische Bischofskirche, liegt also auf der Hand.

Statue des Hl. Patrick am Fuße des Croagh Patrick; noch heute pilgern zahlreiche Anhänger des Heiligen jährlich auf diesen Berg nahe Westport (Co. Mayo).

DIE IRO-SCHOTTISCHE MISSION UND DAS ERBLÜHEN DER KLÖSTERLICHEN KULTUR

Der Wunsch nach Askese und Einsamkeit trieb viele Mönche auf entlegene Inseln vor der Küste oder sogar über die Irische See nach Britannien und auf den Kontinent, wo sie sich in menschenleeren Gegenden niederließen. Einer der ersten uns bekannten ist Columba, ursprünglich ein Hochadliger aus dem nordirischen Geschlecht der Uí Néill, von dem später noch die Rede sein wird. 563 n. Chr. brach er mit einigen Anhängern auf und gründete auf der Insel Iona vor der westschottischen Küste ein eigenes Kloster. Innerhalb weniger Jahre entwickelte sich Iona zum geistigen Zentrum der keltischen Kirche Irlands, Schottlands und bald auch Englands. Von hier aus zog später im 7. Jahrhundert der Abt Aidan mit zwölf Schülern nach England, um auf der Nordseeinsel Lindisfarne ein eigenes Kloster aufzubauen, das gemeinsam mit Iona zum bedeutendsten Kulturzentrum der britischen Inseln avancierte. Etwa zu dieser Zeit hatten irische Missionare bereits ganz Britannien und weite Teile des Kontinents besucht und ihre strenge keltische Kirche verbreitet. Bekannte Namen sind etwa St. Columbanus, der im 6. Jahrhundert die Gebiete des heutigen Frankreichs und der Schweiz missionierte und in der Lombardei das Kloster Bobbio gründete, dann St. Kilian, der im 7. Jahrhundert in Ostfranken tätig war und 697 in Würzburg den Märtyrertod erlitt, oder St. Cuthbert, der ab 655 von Lindisfarne aus die nordenglischen Gebiete bekehrte. Hier hatte sich das Christentum zwar schon einmal etabliert – das war noch unter römischer Herrschaft gewesen –, doch die einfallenden germanischen Stämme der Angeln und Sachsen hatten im 5. Jahrhundert sämtliche christliche Wurzeln ausgerottet und ihre eigene Religion eingeführt.

Was die Iren im Norden Englands an Missionsarbeit leisteten, übernahmen im Süden Abgesandte der römischen Kirche in päpstlichem Auftrag. Ein Aufeinanderprallen der beiden

Der Wunsch nach Askese und Einsamkeit trieb viele frühchristliche Mönche auf entlegene Inseln vor der Küste; auf Skellig Michael kann man noch heute Mönchszellen des damaligen Klosters besichtigen.

Missionare sorgten ab dem 6. Jh. n. Chr. für die Verbreitung der strengen irischen Kirche auf dem gesamten Kontinent; einer ihrer berühmtesten Vertreter war der Heilige Kilian, der die Ostfranken missionierte und 697 n. Chr. in Würzburg den Märtyrertod erlitt.

Kirchenstrukturen war unausweichlich und verlief nicht gerade friedlich, zumal sie sich so sehr in ihrer Organisationsform unterschieden. Die römische Amtskirche mit einem Papst an der Spitze konnte einfach keine irisch-mönchische Gliederung akzeptieren und umgekehrt. Langwierige Auseinandersetzungen um theologische Fragen begannen, die zwar mehrfach in Konzilen zu lösen versucht wurden, doch sollte es noch Jahrhunderte dauern, bis die beiden Kirchen zu einer Einheit zusammenwuchsen.

Die irischen Klöster selbst blieben von diesen Ereignissen jedoch unberührt. Bald schon entwickelten sie sich zu Zentren der Gelehrsamkeit, waren sie doch in geistiger Hinsicht die Nachfahren der Druidenschulen. Hier wurde neben der Religion auch die Geschichte weitergegeben, nur eben jetzt in schriftlicher Form. Latein wurde die gängige Schriftsprache. In den Skriptorien, den Schreibstuben der Klöster, kopierten die Mönche neben ihren eigenen Sagen, Erzählungen und wissenschaftlichen Abhandlungen auch sämtliche Werke der klassischen Literatur, die aus der römischen und griechischen Geschichte erhalten geblieben waren. Oft findet man am Rand der Manuskripte kleine Notizen in Altirisch, Glossen genannt, anhand derer heutige Sprachwissenschaftler die altirische Sprache rekonstruieren konnten (nur wenige komplette Handschriften in Altirisch sind erhalten geblieben; erst das Mittelirische liegt uns in zahlreicheren Quellen vor). Inhaltlich bedeutsam waren diese Glossen nicht, allerdings lassen sie uns heute so manches Mal schmunzeln. In einem Manuskript des 9. Jahrhunderts beispielsweise lesen wir von der Hand eines ungenannten Schreibers: „Wie angenehm heute die Sonne auf diesen Seiten und Rändern glänzt; sie funkelt so.“

In den Skriptorien der irischen Klöster des Frühmittelalters entstanden wahre Meisterwerke der Buchkunst; hier zwei Seiten aus dem berühmten Book of Kells.

Solche Randnotizen zeigen uns auch, wie prachtvoll viele dieser Handschriften gestaltet waren. Bei manchen Exemplaren handelte es sich um wahre Meisterwerke der Buchmalerei und Illuminationskunst. Giraldus Cambrensis schreibt im 12. Jahrhundert über ein irisches Evangelienbuch jener Zeit: „Schaust du ganz genau hin und dringst mit den Augen in die Geheimnisse der Kunstfertigkeit ein, so entdeckst du Feinheiten, zierlich und zart, so eng beisammen und verwoben, so ineinander verschlungen und verrankt, so frisch noch in der Farbe, daß du nicht zögern wirst zu sagen, all diese Werke stammten nicht von Menschen, sondern von Engeln." Eines der ältesten Werke ist das *Cathach of St. Columban*, das nicht wesentlich später als um 600 n. Chr. entstand und vermutlich sogar vom Heiligen persönlich geschrieben wurde. Nur rund 80 Jahre später hatte sich die Kunst der klösterlichen Skriptorien voll entfaltet. Das *Book of Durrow*, die *Evangelienhandschrift von Lindisfarne* und nicht zuletzt das berühmte *Book of Kells* sind eindrucksvolle Zeugen – und leider einige der sehr wenigen, die uns noch erhalten geblieben sind. Im übrigen Europa wußten jedoch auch schon die Zeitgenossen die Kunstwerke der Buchmalerei ihrer irischen Nachbarn zu schätzen, was zuweilen sogar sehr abstruse Formen annehmen konnte. Abt Beda Venerabilis beispielsweise, sonst ein recht verläßlicher Chronist, schreibt in seiner *Kirchengeschichte des englischen Volkes* aus dem 8. Jh.: „Fast alles, was von Irland kommt, wirkt gegen Gift. Ja, wir haben sogar bei Menschen, die von einer Schlange gebissen wurden, festgestellt, daß ein Trank aus Wasser, worin Pergament aufgelöst wurde, das von irischen Büchern abgeschabt wurde, sofort die ganze Kraft des wirkenden Giftes, ja selbst das ganze Geschwür des geblähten Körpers wegzunehmen imstande war."

Solche Pergamentseiten wurden aus Tierhäuten hergestellt,

Die prachtvollen Handschriften aus den Klosterbibliotheken bestanden aus Pergamentseiten, die aus fein gegerbten Tierhäuten hergestellt wurden; für ein Buch waren bis zu 100 Häute nötig. Abb. links: Book of Durrow, Abb. rechts: Evangeliar von Lindisfarne.

und zwar vorzugsweise von Kalb, Schaf oder Ziege, deren Häute das feinste Pergament abgaben. Für ein großes Buch dürften bis zu hundert Tiere nötig gewesen sein. Man bearbeitete jedes Blatt einzeln und band die Seiten erst am Ende zusammen. Vor dem Bemalen rauhten gerade die Iren das Pergament gerne mit einem Bimsstein auf, um die Aufnahme der Farben und Tinten zu verbessern. Mit Hilfe von Zirkeln, Griffeln und anderem Gerät fixierte man die Abstände der Zeilen sowie die Grundformen der Muster, der Initialen und der größeren Bilder. Als Schreibgerät dienten in erster Linie Federn, zum Malen verwendete man Pinsel. Tinten und Farben wurden aus organischen und mineralischen Stoffen zubereitet, wobei die genauen Rezepturen zuweilen streng gehütet wurden.

DIE SAGENKREISE

Die Überfälle der Wikinger und auch sonstige feindliche Übergriffe während des Hochmittelalters bereiteten der klösterlichen Kultur auf der grünen Insel und damit auch der reichen irischen Buchkunst ein baldiges Ende. Anders erging es den wenigen Überresten aus vorchristlicher Zeit, genauer gesagt der Dichtkunst. Auch wenn die Christianisierung die alte Religion abgelöst hatte und die Klöster nun die Druidenschulen ersetzten, so galt das noch lange nicht für die Ausbildungsstätten der Barden und Dichter. Noch im 10. Jahrhundert gab es Bardenschulen, in denen jetzt allerdings die meisten Gesänge in Latein gelehrt wurden. Zweihundert Jahre später erlebte die irische Dichtung sogar eine neue Blütezeit. Aus dieser Epoche stammen nicht nur wichtige Abhandlungen über Versmaße und Metrik, sondern auch die meisten Niederschriften der uns heute noch bekannten irischen Sagen, auch wenn ihre Vorläufer natürlich älter sind.

Der wohl berühmteste dieser Sagenkreise ist der sogenannte *Ulsterzyklus*. Das bereits mehrfach erwähnte lange Heldenepos *Táin Bó Cúailnge* („Der Rinderraub von Cúailgne/Cooley“) ist ein Bestandteil dieses Zyklus'. Es handelt in der vorchristlichen Sphäre des Kriegeradels, für den Ruhm, Ehre und Tapferkeit höchste Bedeutung hatten und Reichtum durch Krieg und Raub erworben wurde. Die zentrale Figur der Erzählung ist König Conchobar Mac Nessa mit seinem Königssitz in Emain Macha, vergleichbar der späteren Artussage mit König Artus in Camelot. In Conchobars Gefolge befindet sich

Auch wenn die Christianisierung die alte Religion abgelöst hatte und die Klöster nun die Druidenschulen ersetzten, galt das noch lange nicht für die Ausbildungsstätten der Barden und Dichter; gerade die Dichtkunst erlebte im 12. Jh. eine wahre Blüte, und aus dieser Zeit stammen die meisten Niederschriften der wichtigsten Sagenkreise wie des Ulsterzyklus.

ein junger Krieger, der Zögling Cú Chulainn („Der Bluthund des Culann“), der zahlreiche Abenteuer erlebt und tapfere Kämpfe bestreitet. Die Rahmenhandlung der Geschichte beginnt damit, daß König Ailill und Königin Medb (ursprünglich eine Göttin) von Connacht ihre Männer nach Ulster führen, um den Göttlichen Braunen Stier von Cúailgne in ihren Besitz zu bringen. Alle Helden aus Ulster leiden indes an einer geheimnisvollen Krankheit, nur der junge Cú Chulainn ist gesund geblieben und muß mit Hilfe seines treuen Wagenlenkers die Eindringlinge abwehren. Nun reihen sich unzählige Episoden aneinander, in denen der Krieger auf immer neue Art und Weise die Feinde hinhalten kann. Schließlich genesen die eigenen Mannen, und das Epos endet in einer letzten großen Schlacht zwischen dem Brauen Stier von Cúailgne und dem Weißen Stier von Connacht.

In fast allen dieser Sagen spielen die alten Götter eine große Rolle. Sie greifen in das Schicksal der Menschen ein und sind allgegenwärtig. Umgekehrt ist es aber auch den Sterblichen möglich, das Jenseits zu besuchen und wieder zurück in die normale Welt zu kehren. Die irische Mythologie basiert auf dem Gedanken, daß ursprünglich ein Volk von Riesen zusammen mit den Göttern selbst die Insel bewohnte, die sich jedoch bei der Ankunft der Gälen (gemeint sind die keltischen Einwanderer) unter die Erde begeben hätten – und zwar vornehmlich in die großen Hügel hinein, die wir heute als Grabhügel identifizieren können. Man stellte sich die Götterwelt ähnlich in Stämme gegliedert vor wie die eigene Gesellschaft. Viele davon tragen wohlklingende Namen, von denen das legendäre Geschlecht der *Tuatha Dé Danann*, die „Stämme der Göttin Danu“, die bekanntesten sein dürften. Fast alle großen Krieger, die den mythischen Stämmen entstammen, sind Söhne von Göttern oder Göttinnen und damit selbst göttlich. Erzählungen wie „Das Buch der Eroberungen“, „Die zweite Schlacht von Moytura“ oder „Dinnesenchas“ schildern die Ereignisse jener Zeit. Inwiefern solche Stämme jedoch tatsächlich existierten, läßt sich heute nicht mehr nachweisen, aber vermutlich beruhen nur sehr wenige dieser Legenden auf historischen Tatsachen. Viele Details der Mythen tauchen im übrigen auch in den Erzählungen des Kontinents auf, vornehmlich in Gallien und den späteren keltischen Randgebieten wie der Bretagne und sind entsprechend an die lokalen Gegebenheiten angepaßt.

Im Zuge der Christianisierung, als die alten Mythen niedergeschrieben wurden, übernahm man zwar die meisten Namen und Erzählstränge, färbte sie jedoch christlich ein. Die Götter und Helden wurden zu Heiligen, und sämtliche Bestandteile, die sich nicht mit dem christlichen Glauben vereinbaren ließen, wurden einfach aus den Epen gestrichen. Erst die späteren Sagenkreise wie ebenjener Ulsterzyklus, der im 9. Jahrhundert niedergeschrieben wurde, verwoben die Mythologie mit tatsächlichen historischen Ereignissen. Identifizierbare Könige tauchen neben den alten Göttern auf, und die dargestellten Gesellschaftsstrukturen wurden von heutigen Forschern auf die tatsächlichen Umstände im vorchristlichen Irland des 4. Jahrhunderts n. Chr. datiert. Nur wenig später erschienen die ersten Königserzählungen, die nun endgültig historiographischen Charakter besaßen und als Quellen für die politische Ereignisgeschichte herangezogen werden können.

DAS POLITISCHE IRLAND IM FRÜHMITTELALTER

Gerade diese Sagen und Erzählungen sind jedoch nahezu unsere einzige Quelle für das politische Geschehen während der ersten nachchristlichen Jahrhunderte beziehungsweise des irischen Frühmittelalters. Der im vorigen Kapitel ausführlich behandelte Prosa-Zyklus über den Rinderraub von Cooley liefert die fundiertesten Zeugnisse über die Ereignisse kurz vor Beginn des irischen Mittelalters. Die Insel war tatsächlich in die vier Königreiche Ulster, Connacht, Leinster und Munster eingeteilt. In Ulster herrschte Conchobar Mac Nessa, sein Hof befand sich in Emain Macha. Er stand in ständigem Krieg mit Connacht, dessen Königspaar Ailill und Mebd in ihrer Fe-

Tara, Königssitz der Uí Néill

stung auf dem Hügel Cruachain residierten. Leinster und Munster waren noch relativ unbedeutend.

Wenige Generationen später schwang sich in Mittelirland eine neue Dynastie zu Macht und Ehren auf, als deren Begründer ein gewisser Niall Noígiallach (379–ca. 428) genannt wird. Das fünfte Königreich Meath entstand unter seiner Führung, und er wählte Tara zu seinem Königssitz. Seine Söhne, die Uí Néill, erweiterten die Macht Taras bis weit in den Norden, sollen sogar den Königssitz von Emain Macha selbst erobert haben und verleibten das alte Königreich Ulster Stück für Stück ihrer Herrschaft ein. Die Uí Néill teilten ihr Reich in zwei Hälften – eine südliche mit Hof in Tara und eine nördliche mit Ailech als Residenz. Zwischen 506 und 1036 sollten sich beide Zweige friedlich als Oberhäupter der Dynastie abwechseln.

Die eindrucksvollen Ruinen von Cashel, der einstigen Residenz der Könige von Munster

Im Süden kämpften die Uí Néill lange Zeit gegen die Könige von Leinster, denen ursprünglich das Gebiet von Meath gehört hatte. Um 513 n. Chr. hatten sie jedoch wesentliche Teile ihres Reiches an die nördlichen Nachbarn verloren. Das Königreich Munster profitierte von diesen Auseinandersetzungen, so daß die dortige Dynastie der Eóganachta im 6. Jahrhundert die Herrschaft über den Süden an sich reißen konnte. Cashel wurde ihre Residenz.

Insgesamt bildeten sich bis zum 7. Jahrhundert sieben irische Königreiche heraus – Tara, Munster, Connacht, die Reste von Leinster sowie drei kleinere Reiche, die sich aus dem alten Ulster entwickelt hatten. Gegliedert waren sie in einzelne Stämme (*túatha*), zusammen ungefähr hundert, deren Kleinkönige den Provinzkönigen unterstanden. Munster blieb führend im Süden, die Uí Néill im Norden.

Seit der Mitte des 7. Jahrhunderts ließen die Uí Néill überall im Lande verbreiten, daß ihnen seit undenklicher Vorzeit die Würde des gesamtirischen Hochkönigs zustünde und Tara das Zentrum irischer Herrschaft sei. Natürlich erkannte nicht jede andere Dynastie diesen Anspruch widerspruchslos an, und so kam es regelmäßig zu kriegerischen Auseinandersetzungen um die Frage, wer denn nun der mächtigste Stamm der Insel sei.

WIKINGEREINFÄLLE

Bis zur Mitte des 8. Jahrhunderts konnten sich die Uí Néill behaupten, doch dann meldete sich ein neuer Gegner zu Wort: die Wikinger. Ab 795 tauchten sie in schöner Regelmäßigkeit an den irischen Küsten auf, plünderten und brandschatzten vornehmlich die Klöster und verschwanden nach wenigen Wochen wieder in Richtung Heimat. 840/41 überwinterten sie

Ab dem 8. Jahrhundert tauchten wikingischen Piraten auch an den irischen Küsten auf; gerade die Klöster mit ihren Reichtümern, wie diesem silbernen, edelsteinverzierten Abendmahlskelch, waren beliebte Ziele für ihre Plünderungszüge; vielerorts ließen sie sich nieder, gründeten die ersten Städte, wie Dublin, Limerick oder Wexford, und gaben der Insel ihren heutigen Namen.

allerdings erstmalig an den Küsten Irlands. Nach und nach errichteten sie zu diesem Zweck feste Stützpunkte, aus denen später die ersten großen Städte, wie zum Beispiel Limerick, Dublin, Cork, Waterford oder Wexford, entstanden. Solche großangelegten Siedlungsvorhaben waren den Iren bis dahin fremd. Überhaupt brachten die Wikinger in vielerlei Hinsicht positive Wandlungen für die grüne Insel mit sich. Der Handel blühte auf, Münzen lösten das Vieh als allgemeines Zahlungsmittel ab, und die irische Seefahrt wurde technisch verbessert. Viele skandinavische Begriffe wurden in die Sprache übernommen, vor allem aus den Bereichen Handel, Wirtschaft und Seefahrt – und nicht zuletzt der wikingische Name für die Insel selbst: Irland.

Nur für die Klöster dürften die Wikinger nie etwas anderes als eine Nemesis gewesen sein, und man reagierte entsprechend: Die Stellen der Äbte wurden mehr und mehr mit Laien besetzt, die kämpfen gelernt hatten und bei einem neuerlichen Angriff die Verteidigung übernehmen konnten. Außerdem ging man dazu über, die alten Holzklosterbauten durch steinerne zu ersetzen, um die Brandgefahr zu mildern. Die vielen runden Glockentürme, die so charakteristisch für irische Klöster geworden sind, zeugen noch heute von dieser Zeit. Sie dienten nicht nur dem Ruf zum Gebet, sondern im Falle eines Angriffs auch als sichere Rückzugsmöglichkeit.

Daß die Wikinger so erfolgreich sein konnten, liegt sicherlich auch daran, daß Irland keine Angriffe von außen gewohnt war und somit nicht über nennenswerte Verteidigungsanlagen

Runde Glockentürme wie hier in Clonmacnois sind charakteristisch für die frühen irischen Klöster und eine Reaktion auf die Wikingerüberfälle; sie dienten nicht nur dem Ruf zum Gebet, sondern im Falle eines Angriffs auch als sichere Rückzugsmöglichkeit.

verfügte. Die bereits erwähnten Ringwälle und Fluchtburgen schützten zwar ausreichend vor feindlich gesinnten irischen Clans oder zuweilen auch vor den wenigen Übergriffen, die von der britannischen Hauptinsel aus geführt wurden, doch waren all das keine wesentlich anderen Taktiken als die eigenen. Die Plünderungszüge der Wikinger stellten eine völlig neue Art der Kriegsführung dar, der man in Irland einfach nicht gewachsen war.

Interessanterweise scheinen auch für die Iren Wikinger nicht gleich Wikinger gewesen zu sein. Je nach Herkunftsgebiet werden sie in den Quellen unterschiedlich bezeichnet. Gruppen aus Norwegen nannte man *Finn-gaill*, die später ab der Mitte des 9. Jahrhunderts eingreifenden Dänen *Dub-gaill*. Offenbar traten die skandinavischen Piraten also nicht gemeinschaftlich auf, sondern agierten als eine Art von Stammesverbänden, die sich nach ihrer jeweiligen Herkunft gruppierten. Wir wissen sogar von einem inner-wikingischen Kampf, als eine dänische Flotte 851 n. Chr. aus dem Norden Englands nach Irland übersetzte und von den norwegischen Wikingern in Dublin alles andere als freundlich willkommen geheißen wurde.

Verschiedenen Anführern der Nordmänner gelang es, ihre Siedlungen zu Herrschaftsmittelpunkten auszubauen und vorübergehend eine lokale Regierung zu entfalten. Die irischen Königreiche und Stammesverbände wurden dadurch jedoch kaum berührt, die Machtzentren existierten quasi nebeneinander. Entwicklungen wie im benachbarten England, wo zeitweise regelrechte Staaten unter wikingischer Herrschaft gebildet wurden, die die einheimische Bevölkerung unter ihre Regierungsgewalt zwangen, sind in Irland zu keiner Zeit zu beobachten.

DAS POLITISCHE IRLAND IM HOCHMITTELALTER

Zwar übten die Wikinger keinen so großen Einfluß auf die irische Politik aus wie etwa in Britannien, doch bremsten ihre Invasionen zumindest die südlichen Uí Néill bei deren Ausdehnung auf Kosten von Munster. Die dortigen Dynastien konnten zeitweilig wieder an Macht gewinnen, und einer ihrer Könige, Feidlimid Mac-Crimthain, beanspruchte um 840 sogar die Würde des Hochkönigs für sich.

In der Folgezeit änderten sich die Machtverhältnisse beinahe von Generation zu Generation,

König Dermot MacMurrogh von Leinster brachte einen gravierenden Wandel in die irische Geschichte: Sein Hilfegesuch an den englischen König Heinrich II. brachte ihm zwar die nötige Unterstützung zur Wiedererlangung der Hochkönigswürde in Irland, doch der Insel zugleich auch das Ende der Unabhängigkeit, denn seinen Thron vererbte er einem Engländer.

und wir sind heute nicht mehr in der Lage, das Gewirr von Auf und Ab in eine historisch gesicherte chronologische Reihenfolge zu bringen. Die Uí Néill setzten sich durch, wurden aber schon bald von den Dál Cais aus Munster abgelöst, dann gewannen die Osraige aus Leinster an Einfluß und übernahmen die Herrschaft. Schließlich mußten auch sie sich geschlagen geben und die Hochkönigswürde wieder an ein neues Geschlecht aus einer anderen Provinz abgeben. So ging es weiter bis weit in das 12. Jahrhundert hinein.

Den Wandel brachte eine folgenschwere Entscheidung König Dermot MacMurroghs von Leinster: Nach langen Auseinandersetzungen von seinem bittersten Rivalen aus Connacht besiegt, floh er 1167 nach England und ersuchte König Heinrich II. um Hilfe. Sie wurde ihm gewährt, denn Heinrich erlaubte Dermot, englische Adlige zur Unterstützung anzuwerben. Die meisten Anhänger fand Dermot in Wales, darunter auch den mächtigen Earl of Pembroke, Richard FitzGilbert de Clare, genannt Strongbow. Ihm versprach Dermot die Hand seiner Tochter, verbunden mit der Nachfolge im Königreich Leinster – und damit sollte sich die Geschichte Irlands grundlegend ändern.

ENGLISCHE LEHNSHERRSCHAFT

Im Mai 1169 landeten die neuen Verbündeten mit ihren Truppen auf der grünen Insel. Nacheinander fielen die Städte Wexford, Waterford und Dublin, so daß nun auch Connacht den König von Leinster wieder als Hochkönig anerkennen mußte. Der Friede währte jedoch nicht lange, denn als Dermot 1171 starb und Strongbow wie vereinbart als dessen Nachfolger den Thron von Leinster bestieg, erhob sich Widerstand. Zwar

Das Siegel des Earl of Pembroke, Richard FitzGilbert de Clare, genannt „Strongbow"; er folgte Dermot MacMurrogh auf den Thron von Leinster, unterwarf sich König Heinrich II. von England und erhielt sein Reich als Lehen der englischen Krone zurück.

waren die Iren den englischen Truppen zahlenmäßig weit überlegen, aber dennoch konnten sie sich nicht durchsetzen. Zum ersten Mal zeigte es sich, daß Irlands jahrhundertelange Abgeschiedenheit und Eigenständigkeit zuweilen auch von Nachteil sein konnte: Waffentechnisch hinkten die irischen Kämpfer den Engländern weit hinterher, ebenso im Hinblick auf Kampftaktik und Rüstung. Ihre primitive Bewaffnung konnte gegen die schwer gepanzerten englischen Ritter nichts ausrichten, und ihre antiquierte Reitweise ohne Sattel tat ein übriges. Außerdem hatten die Engländer Langbogenschützen aus Wales mitgebracht, die schon zu Beginn eines Kampfes für leere Frontreihen beim Gegner sorgten.

Solche Erfolge konnte der englische König natürlich nicht lange unbeobachtet lassen. Heinrich II. setzte noch im gleichen Jahr auf die Insel über, doch nicht nur weil er fürchtete, seine Lehnsleute könnten zuviel Macht erringen und eine eigene Herrschaft in Irland aufbauen. Nebenbei kam es ihm sehr gelegen, eine Weile aus dem Rampenlicht zu verschwinden, denn kurz zuvor war Thomas Beckett, der Erzbischof

König Heinrich II. von England: Unter seiner Herrschaft begann sich bereits eine Teilung der Insel in einen irischen und einen englisch beherrschten Teil abzuzeichnen.

von Canterbury, in seiner eigenen Kathedrale ermordet worden – ein unvorstellbares Sakrileg, für das ganz England ihm die Verantwortung (nicht völlig zu Unrecht) in die Schuhe schob. Als Vorkämpfer des Christentums in ein entlegenes Gebiet zu ziehen und dieses in einem Schwung der englischen Herrschaft zu unterstellen, würde seinen Ruf sicherlich rehabilitieren und seine Stellung als König wieder festigen.

Große Schwierigkeiten boten sich Heinrich nicht in Irland. Strongbow unterwarf sich und empfing das Königreich Leinster zu Lehen; die Könige des Südens und Ostens taten es ihm nach, und bei einer Versammlung in Cashel erkannte der gesamte irische Klerus Heinrich als obersten Herrn an. Im Gegenzug stellte dieser die wichtigsten irischen Städte unter königlichen Schutz, was de facto bedeutete, daß er eine Garnison dort ließ und ihnen eine Reihe Privilegien einräumte. Das Königreich Meath verlieh er ebenfalls an einen seiner Untertanen, und zwar an Hugh de Lacy, den er kurz vor seiner Abreise sogar zum Stellvertreter ernannte. England war nun Herr über den gesamten südlichen Teil Irlands.

1175 unterwarf sich auch Rory O'Connor, König von Connacht, den Engländern und erhielt dafür die Oberherrschaft über alle noch nicht von England eroberten Gebiete. Eine Teilung der Insel in einen englisch und einen irisch beherrschten Teil begann sich abzuzeichnen. Zwei Jahre später übertrug Heinrich seinem jüngsten Sohn Johann mit dem Beinamen Ohneland die Herrschaft über Irland. Als dieser seinem Vater beziehungsweise seinem Bruder 1199 auf den englischen Thron folgte, hatte er in Irland die englische Herrschaft schon weitgehend konsolidiert. Dublin war der politische Mittelpunkt der Insel. Nach und nach hatte sich das Verwaltungssystem gewandelt und den englischen Gepflogenheiten angepaßt. Johann führte auf höchster Ebene einen Rechnungshof

(*Exchequer*) und das Schatzamt (*Treasury*) ein, die Lokalverwaltung wurde in Grafschaften unter der Leitung von Sheriffs gegliedert. Doch nur die wenigsten Iren genossen auch das englische Recht, das *Common Law*. Entsprechend konnten sie

König Johann Ohneland von England, noch zu Lebzeiten seines Vaters Heinrich II. als Regent über Irland eingesetzt; Als er 1199 die englische Krone erbte, war das Verwaltungs– und Rechtssystem der Insel bereits gänzlich den britischen Gepflogenheiten angepaßt.

vor Gericht keine Klagen gegen Engländer erheben und waren ihrer Willkür ausgeliefert. Beschwerden beim Klerus halfen nur wenig, und bis weit in das 13. Jahrhundert hinein klaffte eine große soziale Lücke zwischen den Einheimischen und ihren neuen Herren.

Andererseits fühlten sich die Iren dadurch auch nicht an solche Dinge wie Königsfrieden etc. gebunden. Die internen Auseinandersetzungen gingen unvermindert weiter, und gerade weil der König selten im Lande zugegen war, ließen sich die einzelnen lokalen Herrscher nur sehr schwer kontrollieren. Die königliche Abwesenheit rührte allerdings nicht aus bloßem Desinteresse, sondern war lediglich eine Folge der weitaus ernsteren Konflikte Englands mit anderen Nachbarn, darunter Frankreich und Schottland. Die englischen Könige hatten einfach nicht mehr die Zeit, sich um das verhältnismäßig ungefährliche Irland zu kümmern, zumal die dortigen Adligen zunehmend Söldner aus Schottland anheuerten, um ihre eigenen kriegerischen Schwächen auszubügeln. Die englische Expansion auf der Insel geriet ins Stocken und kam um 1275 gänzlich zum Stillstand.

Unterdessen gewannen die Iren allmählich ihre Macht zurück. Die englische Herrschaft vollständig abzustreifen war nicht möglich, aber zumindest gab es gegen Ende des 13. Jahrhunderts wieder mehr eigenständige Kleinkönigreiche und Gebiete, die sich der englischen Verwaltung entledigt hatten: die *Liberties*. Dazu zählten unter anderem Meath, Kilkenny, Kildare und Ulster.

SCHOTTISCHES INTERMEZZO: EDWARD BRUCE

Doch wie üblich ließ die nächste Krise nicht lange auf sich warten. In Gestalt des Schotten Edward Bruce traf Irland 1315 ein neuer schwerer Schlag, von dem es sich nur sehr allmählich erholen konnte. Zur Vorgeschichte: Englands König Eduard I. hatte nach seinen Erfolgen in Wales versucht, auch Schottland unter seine Herrschaft zu bringen, war hier jedoch auf größeren Widerstand gestoßen. Als sein gleichnamiger Sohn und Nachfolger dann 1314 in der Schlacht von Bannockburn auch noch gegen den schottischen König Robert Bruce eine empfindliche Niederlage erlitt, sah dieser seinen Moment gekommen. Er schickte seinen Bruder Edward nach Irland, um die Engländer nicht nur an einer neuen Front in kriegerische Auseinandersetzungen zu verwickeln, sondern auch ihre Quelle der Finanzierung der Schottenkriege auszubluten. Drei Jahre lang zog Edward Bruce brennend, mordend und plündernd über die Insel, eroberte eine Stadt und ein Königreich nach dem anderen, bis er sich schließlich im Mai 1316 zum König über ganz Irland krönen ließ.

Dieses kurze schottische Intermezzo fand allerdings bald schon ein jähes Ende, denn 1318 fiel Bruce bei Faughart durch englische Hand. Wenigstens in dieser Hinsicht hatte die Invasion ihre gute Seite, denn Iren und Engländer hatten erst-

Der schottische König Robert Bruce schickte seinen Bruder Edward 1314 nach Irland, um eine zweite Kriegsfront gegen England aufzubauen; Edwards Plünderungszüge brachten ihm zwar kurzzeitig den Titel eines irischen Königs, doch stürzte seine Taktik der verbrannten Erde das Land in eine erste schwere Hungersnot.

K. Robert Bruce begane his Raigne
1306

malig gemeinsam gegen einen Gegner von außen antreten müssen, was das Zusammenwachsen deutlich begünstigte. Für die einfache Bevölkerung jedoch waren die vergangenen Jahre eine Katastrophe. Bruce's Taktik der verbrannten Erde hatte das Land ausgeblutet, und eine erste schwere Hungersnot suchte nun die gesamte Insel heim.

CLANS UND LORDS

Das 14. Jahrhundert bedeutete indes auch in politischer und gesellschaftlicher Hinsicht eine Zeit des Umbruchs. Die Nachkommen der ersten englischen Einwanderer aus dem 12. Jahrhundert, die in der Geschichtsforschung in dieser Epoche auch gerne als Anglo-Iren bezeichnet werden, hatten sich soweit in die irische Gesellschaft eingelebt, daß sie nicht mehr als Fremde oder gar Feinde angesehen wurden. Andererseits waren von England aus regelmäßig neue Verwaltungsbeamte entsendet worden, die zu schnell wieder abgelöst wurden, um sich einzugewöhnen und an die irische Lebensweise anzupassen. Zudem hatten die englischen Könige immer wieder Ländereien auf der Insel an treue Untertanen verschenkt und damit eine Art neue englische Führungsschicht geschaffen. Nur, daß diese Lords nicht oder nur sehr selten in Irland weilten, sondern ihren Besitz durch Stellvertreter verwalten ließen. Entsprechend hatten sich mit der Zeit zwei Arten von englischen „Fremdherren" entwickelt: die neuen Feudalherren und die nunmehr alteingesessenen Anglo-Iren, die ihre irischen Landsleute sogar recht häufig gegen die Lords unterstützten. Letztere verfügten kaum über nennenswerten Einfluß in ihren Gebieten, so daß die englische Herrschaft mehr und mehr zusammenbrach.

Die gesellschaftlichen Strukturen hatten sich durch den englischen Einfluß allerdings beträchtlich gewandelt. Das alte System der unabhängigen Stämme (*túatha*) mit je einem König (*rí*) an der Spitze war mit der Zeit einer Gliederung in verschiedene Clans gewichen. Eine Vielzahl einzelner Familien bildete nun die politische Führungsschicht, darunter einheimisch-irische gleichberechtigt wie anglo-irische. Die Einwanderer von damals waren mehr und mehr zu Iren geworden, sogar äußerlich erkennbar, nämlich am langen Haar und dem Schnurrbart, den polygamen Ehegewohnheiten, der Reitweise ohne Sattel sowie der übernommenen gälischen Sprache. Selbst die englischen Wirtschaftsformen verschwanden

Spätestens im 14. Jh. hatte sich das alte Gesellschaftssystem der Stammeskönige in eine Ordnung nach Clans und Lords gewandelt; zahlreiche eindrucksvolle Burgen stammen aus dieser Zeit.

allmählich. Naturalabgaben wurden wieder die Regel, der Tauschhandel löste die Geldwirtschaft ab, ja selbst als Zahlungseinheit rechnete man wieder wie im Frühmittelalter mit Rindern statt mit Münzen. Die englischen Gutshöfe verwaisten, nur die befestigten Städte blieben als Relikte der fremden Herrschaft erhalten.

Durch den Hundertjährigen Krieg mit Frankreich hatten die englischen Könige natürlich auch alle Hände voll zu tun und keine Zeit, sich um das politisch wie wirtschaftlich immer noch unbedeutende Irland zu kümmern. Erst Richard II. – der seit Jahrzehnten den ersten dauerhafteren Frieden mit Frankreich hatte aushandeln können – startete einen erneuten Versuch, das Blatt zu wenden. 1394 setzte er mit einer für irische Verhältnisse ungeheuer großen Truppe auf die Insel über. Es gelang ihm, die meisten irischen Adligen einzuschüchtern und die Macht der englischen Lords noch einmal zu stärken, doch wirklich durchsetzen konnte auch er sich nicht mehr. Als Richard 1399 erneut nach Irland kam, nutzten seine politischen Gegner daheim diese Gelegenheit und entfernten ihn vom Thron.

Das Kapitel Irland schloß sich damit aus englischer Sicht erneut für viele Generationen, denn die Könige des 15. Jahrhunderts – aus dem Hause Lancaster und York – wendeten zunächst ihr Augenmerk wieder in Richtung Frankreich und waren später in den Rosenkriegen mit sich selbst genug beschäftigt, ohne auf den kleinen Nachbarn Rücksicht nehmen zu können. Irland war für den Rest des Mittelalters noch einmal eine kurze Zeit relativer Ungestörtheit beschieden, bevor 1485 mit den Tudors eine neue Dynastie den englischen Thron bestieg, die den Beginn der Neuzeit einläutete und bald schon ihre Fühler wieder Richtung Westen auszustrecken begann. 1541 sollte König Heinrich VIII. sich dann soweit durchsetzen können, daß ihn das Dubliner Parlament öffentlich als König von Irland anerkannte.

König Heinrich VIII. von England ließ sich 1541 vom Dubliner Parlament öffentlich zum König von Irland anerkennen – dieser Schritt bedeutete das Ende der Eigenständigkeit der grünen Insel.

ANHANG 1: DIE KELTISCHEN SPRACHEN

Die keltischen Sprachen entstammen der Sprachfamilie des Indogermanischen und werden in zwei große Gruppen gegliedert: Inselkeltisch und Kontinentalkeltisch. Durch die Wanderung keltischer Stämme in der Bronzezeit breiteten sie sich über Kleinasien und den Mittelmeerraum kommend auch auf dem gesamten europäischen Kontinent aus. Das Kontinentalkeltische, auch Gallisch genannt, wurde vor allem in den Gebieten des heutigen Spanien und Frankreich gesprochen, aber auch in Mitteleuropa, Galatien und Kleinasien. Die inselkeltischen Sprachen sind noch einmal in Gälisch oder Goidelisch, Britannisch und Piktisch untergliedert. Zu den gälischen beziehungsweise goidelischen Sprachen zählen das Irisch-Gälische, das Schottisch-Gälische sowie Manx, also der Dialekt, der auf der Isle of Man gesprochen wurde. Unter Britannisch werden Kymrisch (gesprochen in Wales), Cornisch (in Cornwall) und Bretonisch (in der Bretagne) zusammengefaßt. Das Piktische existierte nur kurze Zeit im Norden Britanniens, wurde aber sehr schnell vom Irisch-Gälischen überlagert.

Zeugnisse der Sprachen sind uns nur aus Gallien und Britannien beziehungsweise Irland überliefert. Früheste Formen des Irisch-Gälischen kennen wir aus Ogham-Inschriften des 5. Jahrhunderts. Beim Ogham-Alphabet handelt es sich um punkt– und kerbförmige Ritzungen an den Kanten aufrecht

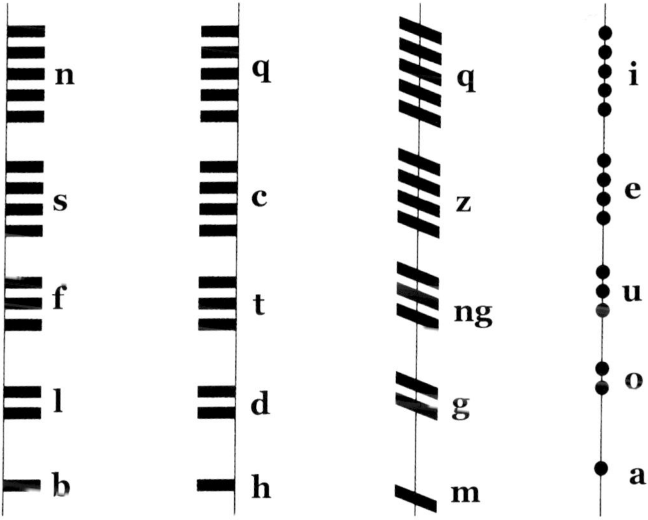

Das Ogham-Alphabet: Hierbei handelt es sich um punkt– und kerbförmige Ritzungen an den Kanten aufrecht stehender Steine, die nicht mit lateinischen Buchstaben oder etwa wikingischen Runen vergleichbar sind; meist sind es Grabinschriften mit Hinweisen auf die Bestatteten.

stehender Steine, die nicht mit lateinischen Buchstaben oder etwa wikingischen Runen vergleichbar sind. In der Sage der Táin Bó wird erwähnt, daß man Mitteilungen gerne in Ogham-Schrift in Holz ritzte, aber erhalten hat sich nichts dergleichen. Wir kennen lediglich die steinernen Inschriften, die zumeist Namen auf Grabsteinen darstellen.

Die Sprachforscher haben die Entwicklung des Irischen in vier große Zeitabschnitte gegliedert: archaisches Altirisch wurde vom 4. Jahrhundert bis etwa 750 gesprochen, Altirisch von 750 bis 900, Mittelirisch von 900 bis 1600 (wobei sich die Periode von 1200–1600 „Classical Irish" nennt) und Neuirisch seit 1600.

Heute werden die keltischen Sprachen nur noch von einem – vornehmlich älteren – Teil der Bevölkerung gesprochen. In Wales und in Schottland finden sich die lebendigsten Reste, und natürlich im republikanischen Teil Irlands.

KLEINE AUSWAHL WICHTIGER ALTIRISCHER BZW. IRISCH-GÄLISCHER BEGRIFFE

A

accrann Schuh
accus nah
adaig Nacht
adall Besuch
aicned Natur
aille Segen
ainm Name
aire adlig, Adel
aire ard hoher Adliger
aís Alter
amal wie, als
amrae wundervoll
ansae schwierig
ar für; bevor
arae Streitwagenführer
ard hoch
arde Zeichen
ard-rí Hochkönig
ascae Rivale
athair Vater
áu Ohr
aue Enkel

B

báire Hurling-ähnliches Ballspiel
ball Glied
bás Tod
becc klein
bél Lippe
bélrae Rede
ben Frau
benaid er schneidet
berid er trägt
betagh Unfreier
bethu Leben
beus immer, noch immer

biad	Essen, Futter
biáil	Axt
bibdu	schuldig
bindius	Melodie
bith	Welt
blíadain	Jahr
bó	Rind, Kuh
bóaire	Freier
bráthair	Bruder
brí	Hügel
brithem	Richter
brónach	traurig
buada	Vorrechte
búaid	Sieg
buide	Dank
buide	gelb

C

cáin	Gesetz
caisel	mit Steinmauer befestigtes Wohnhaus mit Stallungen; später Burg
canaid	er singt
carae	Freund
caraid	er liebt
carpat	Streitwagen
cáthir	Ortschaft, Siedlung; später Stadt
céile	Kumpel, Gefährte, Gatte
céle	Gefolge (Pl. céli)
celid	er versteckt
cen	ohne
cenél	Stamm, Clan
cenn	Kopf (in Wales „pen“)
cennaige	Händler
céo	Nebel, Dunst
céol	Musik
cía?	wer?
cíall	Sinn
cían	lang, anhaltend, Weile

cing Kämpfer
claideb Schwert
claidid er gräbt
cland Kind
cloch Stein
clúain Wiese
cnáim Knochen
co nach, hin
cobuir Hilfe
colinn Fleisch
comarba Erbe
córe Frieden
crann Baum
crannog besondere Siedlungsform im Westen: hölzerne Wohngebäude auf künstlichen Inseln in stehenden Gewässern
cré Lehm, Ton
crenaid er kauft
cride Herz
croch Kreuz
cuingid er sucht
cumachtae Macht, Kraft
cumal Sklavin
cumscugud Veränderung, Bewegung
cundubart Zweifel
curragh leichtes Boot (für Binnenschiffahrt und Küstenfischerei)
cuthe Kelch

D

daltae Zögling
dán Geschenk
dar darüber
daur Eiche
dé Rauch
delb Form
demun Dämon, Teufel
derbfine Sippe

dét Zahn

deug Trank

di von, her

dia Gott

dígal Rache

díle Flut

dílgud Vergebung

dítiu Schutz

diuit einfach

díummassach stolz

dliged Gesetz

do hin

driumm Rücken

droch schlecht

druí Druide

dub schwarz

dún größere Siedlung, Fort, Festung

E

écen Notwendigkeit

ech Pferd

eirr Kämpfer in einem Streitwagen

én Vogel

enech Gesicht; später auch Ehrenpreis (vgl. Wergeld)

ennac unschuldig

éo Lachs

ergarthe verboten

erlam fertig

ermitiu Ehre

essamin tapfer, furchtlos

étaigidir eifersüchtig

eter zwischen

etrachtae Glanz

F

fáilid froh

fáilte Freude

féin selbst

feis Fest

féith ruhig

féni	Freie
fér	Gras
fer	Mann, Gatte, Gefährte
ferc	Zorn
ferr	besser
fiach	Schuld
fíad	in Gegenwart von…
fíadu	Zeuge
fid	Holz
fili	Dichter, Seher (Pl. filid)
fír	wahr
fíu	wert, wertvoll
fo	unter
foilsigidir	er zeigt
follus	klar
folt	Haar
for	auf
forcenn	Ende
fortgide	versteckt
foscad	Dunkelheit
fri	gegen
fudumain	Tiefe

G

gaibid	er nimmt
gairid	er ruft
gaisced	Speer und Schild
gaiscedach	Krieger
gaíth	weise
galar	Krankheit
gessa	Tabus
gin	Mund
glenn	Tal
gléo	Kampf
glún	Knie
gobae	Schmied
gonaid	er verwundet
gúasacht	Gefahr
guide	Gebet
guidid	er betet
guth	Stimme

I

i in, hinein

íar nach, danach

íasc Fisch

íccaid er heilt, er rettet

ícide Heiler

il viel, viele

im über

immalle zusammen

ingen Tochter

inis Insel

inse schwierig

iress Glaube

ís unter, darunter, unterhalb

ísel niedrig

ithe Essen

ithid er ißt

L

la mit

labrithir er spricht

láe Tag

laigiu weniger

laithe Tag

lám Hand

lebor/lebur Buch

léicid er läßt, verläßt, läßt los

leth Hälfte, Seite

lia mehr

liaigh Heiler

lie Stein

lobor weich

loc Ort

lóchet Leuchten, Blitz, Gewitter

lóg Preis

long Schiff

longas Exil

lour genug

luch Maus

M

mac Sohn des…

machthad Wunder

macthe kindisch
mag Ebene
maith gut
már groß, großartig
marb tot
marbaid er tötet
marnaid er betrügt
masse Schönheit
maten Morgen
máthair Mutter
mebol Scham
méit Zahl, Menge
mess Abrechnung, Gericht
mí Monat
midithir er mißt, er richtet
milis süß
moch früh
móin Moor
mucc Schwein
mug Sklave
muir Meer

N

ná, nád nicht
námae Feind
nammá nur
nathir Schlange
nech jemand
nél Wolke
nem Himmel
nemed heilig
nert Stärke
niae Neffe
noíbaid er opfert
núall Schrei

O

ó von, her
o' Enkel des…
oac jung
oc bei
oenach Volksversammlung
og Ei
olc schlecht
oll großartig
ollam Meister

orgaid	er schlachtet
orthu	Gebet
ós	über, darüber, oberhalb

P

peccath	Sünde
pían	Strafe

R

rádid	er spricht
rann	Teil
ráth	Einzelsiedlung
rath	Gnade
re	bevor, zuvor
remor	fett
renaid	er verkauft
rethid	er rennt
rí	König
ríagol	Regel, Herrschaft
ríar	Wille
rígain	Königin
rind	Stern
rosc	Auge
rún	Mysterium

S

sainemail	ausgezeichnet, hervorragend
saíthar	Mühe, Arbeit
salm	Psalm
scél	Geschichte, Sage
scíath	Schild
sech	vergangen
sen	alt
senchaid	Geschichte
sennid	er spielt
sercc	Liebe
sétig	Gattin, Gefährtin
síl	Saat
sír	lang
siur	Schwester
slíab	Berg

slige	Straße, Weg
slóg	Gast
sní	wir
son	Ton, Geräusch
súil	Auge

T

tairngere	Versprechen
talam	Erde
tan	Zeit
taoiseach	Führer
tar	darüber
té	heiß
tech	Haus, Hütte
techid	er flieht
techtaid	Besitz
tene	Feuer
tengae	Zunge
tír	Land
todochide	Zukunft
toimtiu	Meinung, Ansicht
tongid	er schwört
torad	Frucht
traig	Fuß
trén	stark
tri	durch
triath	Meer, See
trócaire	Gnade
trom	schwer
túath	Stamm, Volk (Pl. túatha)

U

úa	von, her
úall	Stolz
ungae	Unze

Zahlen:

óen	eins
da	zwei
tri	drei
cethir	vier
cóic	fünf
sé	sechs
fiche	zwanzig
trícha	dreißig
cét	hundert
míle	tausend

ZEITTAFEL

7. Jt. v. Chr.	Die Landverbindung zu England löst sich
7000–4000 v. Chr.	Erste Besiedlung Irlands (vom nördlichen England ausgehend, später auch von Schottland)
4000–3000 v. Chr.	Einwanderung von Volksgruppen der Megalithkultur
3200 v. Chr.	Anlage der Gräber von Newgrange
2500 v. Chr.	Beginn der Bronzezeit in Irland
um 500 v. Chr.	Vermutlich Beginn der Einwanderung keltischer Gruppen
um 300 v. Chr.	Erste bedeutende Ringwallanlagen und Fluchtburgen entstehen (Tara)
100 v. Chr.	Keltische Volksgruppen haben sich in Irland etabliert
55/54 v. Chr.	Erste römische Landungen in England, noch keine wirklichen Eroberungsversuche
43 n. Chr.	Römische Eroberungen in Britannien unter Kaiser Claudius
60 n. Chr.	Römischer Angriff auf Anglesey (Mona; bekannt als „Druideninsel“)
69 n. Chr.	Aufstand gegen die Römer in Britannien, von den Druiden initiiert
ca. 379–428 n. Chr.	Niall Noígiallach, Begründer des Geschlechts der Uí Néill; Königreich Meath, Königssitz in Tara
5. Jh.	Frühformen des Irisch-Gälischen aus Ogham-Inschriften bekannt

um 400 n. Chr.	Iren, Sachsen und Pikten in Südbritannien; irische Kolonien in Wales und Schottland
410 n. Chr.	Kaiser Honorius zieht die römischen Legionen aus Britannien ab
ca. 415 n. Chr.	Geburt des Heiligen Patrick
ab 430 n. Chr.	Aufstieg der Uí Néill in Irland
430 n. Chr.	Palladius, Diakon von Auxerre, wird von Rom als Bischof der irischen Christen eingesetzt
ca. 431 n. Chr.	Patrick wird von irischen Piraten entführt; lebt 6 Jahre als Sklave in Irland, kann dann fliehen
438 n. Chr.	Laut den Annalen von Ulster Aufzeichnung des irischen Zivilrechts „Senchus Mór“
um 450 n. Chr.	Irische Siedler werden aus Wales vertrieben
455 n. Chr.	Patrick kehrt nach Irland zurück und beginnt Missionierung
462 n. Chr.	Tod des Heiligen Patrick
463 n. Chr.	Tod von Loeguire Mac Néill, Nachfolger wird Lugaid Mac Loeguire (Uí Néill)
470 n. Chr.	Fergus Mor Mac Eirc von Ulster wechselt die Fronten und errichtet neues Königreich in Kintyre (Britannien)
frühes 6. Jh.	Erste erhaltene schriftliche Literatur in irisch und walisisch
um 513 n. Chr.	Uí Néill verlieren große Teile ihres Reiches an die Könige von Leinster; Könige von Munster profitieren davon, Geschlecht der Eóganachta reißt die Herr-

	schaft über den Süden an sich (Residenz Cashel)
554 n. Chr.	Comgall gründet das Kloster Bangor (Ulster)
563 n. Chr.	Columba aus dem Geschlecht der Uí Néill gründet das Kloster Iona
566 n. Chr.	Der Chronist Gildas besucht Irland und tauscht Isidor von Sevillas Enzyklopädie gegen die Táin Bó Cuailnge
Beginn 7. Jh.	Herausbildung der sieben irischen Königreiche: Tara, Munster, Connacht, Reste von Leinster, drei Splitterungen von Ulster; Uí Néill im Norden, Munster im Süden führend
um 600 n. Chr.	Manuskript „Cathach of St. Columban“ entsteht
625 n. Chr.	Irische Nonnen gründen das Kloster Abernethy
635 n. Chr.	Irische Mönche gründen verschiedene Klosterzentren in Northumbria
Mitte 7. Jh.	Uí Néill beanspruchen Würde eines gesamtirischen Hochkönigs für sich (Königssitz Tara)
661 n. Chr.	Irische Missionare in allen sächsischen Königreichen
697 n. Chr.	St. Kilian erleidet in Würzburg den Märtyrertod
um 725 n. Chr.	Irische Mönche auf Island und den Färöer Inseln
um 780–806 n. Chr.	Das Book of Kells wird in Iona begonnen; in Kells/Irland vollendet
795 n. Chr.	Wikingische Überfälle auf Irland begin-

	nen (hauptsächlich Gruppen aus Norwegen)
9. Jh. n. Chr.	Der „Ulsterzyklus“ entsteht
802 n. Chr.	Wikinger plündern und zerstören Iona
816 n. Chr.	Konzil von Chelsea verbietet irischen Mönchen, in den englischen Königreichen zu predigen
840/41 n. Chr.	Wikinger überwintern erstmals in Irland; Siedlungsgründungen, die zu festen Stützpunkten ausgebaut werden (Cork, Waterford, Wexford, Limerick, Dublin etc.)
840 n. Chr.	Feidlimid MacCrimthain, König von Munster, beansprucht irische Hochkönigswürde für sich
ab 840 n. Chr.	Dänische Wikingergruppen erstmalig in Irland (bisher nur in England)
841 n. Chr.	Norwegische Wikinger unter Thorgil begründen das wikingische Königreich von Dublin
851 n. Chr.	Kampf zwischen dänischer Wikingerflotte und norwegischen Wikingern in Dublin
918 n. Chr.	Wikinger schlagen den irischen Hochkönig bei Dublin
1014 n. Chr.	Schlacht von Clontarf; Iren drängen die Wikinger erfolgreich zurück
1167 n. Chr.	König Dermot MacMurrogh von Leinster flieht nach England und bittet König Heinrich II. erfolgreich um Unterstützung gegen Connacht
1169 n. Chr.	Dermots Verbündete landen in Irland;

wichtigster Partner: Richard FitzGilbert de Clare, Earl of Pembroke (Wales), genannt „Strongbow“ (wird Dermots Schwiegersohn)

1169–70 n. Chr. Dermot und die Verbündeten erringen wichtige Siege; Connacht muß Leinster wieder als Hochkönig anerkennen

1171 n. Chr. Tod Dermots von Leinster; „Strongbow“ wird wie vereinbart Nachfolger; irischer Widerstand gegen die englischen Truppen wird niedergeschlagen

1171 n. Chr. Heinrich II. von England setzt nach Irland über; „Strongbow“ unterwirft sich ihm sofort und erhält Königreich Leinster als Lehen; Könige im Süden und Osten folgen dem Beispiel; gesamtirischer Klerus erkennt Heinrich bei einer Versammlung in Cashel als obersten Herrn an; Hugh de Lacy erhält Königreich Meath als Lehen und wird Heinrichs Stellvertreter in Irland; englische Oberherrschaft über ganz Südirland

1175 n. Chr. König Rory O’Connor von Connacht unterwirft sich der englischen Herrschaft und erhält dafür alle noch nicht englischen Gebiete der Insel; Teilung beginnt sich abzuzeichnen

1177 n. Chr. Heinrich überträgt seinem jüngsten Sohn Johann (genannt „Ohneland“) die Herrschaft über ganz Irland; Konsolidierung der englischen Oberhoheit, Dublin wird politischer Mittelpunkt, englisches Verwaltungs– und Rechtssystem etabliert (Ämter Exchequer und

Treasury, Einteilung in von Sheriffs verwaltete Shires, Common Law für die englische Bevölkerung)

1199 n. Chr. Johann wird König von England; englisches Interesse an Irland beginnt zu erlahmen

1275 n. Chr. Englische Expansion in Irland kommt völlig zum Stillstand; irische Kleinkönigreiche (Liberties) können sich erneut etablieren und der englischen Verwaltung entziehen

1314 n. Chr. Englische Niederlage in der Schlacht von Bannockburn gegen die Schotten unter König Robert the Bruce

1315 n. Chr. Edward Bruce, Bruder des schottischen Königs, überfällt Irland und erobert zahlreiche Städte und Liberties; Taktik der „Verbrannten Erde“ löst erste ernste Hungerkrise in Irland aus

1316 n. Chr. Edward Bruce läßt sich zum König über ganz Irland krönen

1318 n. Chr. Englische und irische Bevölkerung schließen sich zusammen und bekämpfen die Schotten; Edward Bruce fällt bei Faughart durch englische Hand, schottisches Intermezzo beendet

14. Jh. Der Hundertjährige Krieg zwischen Frankreich und England läßt englische Interessen in Irland erneut erlahmen; englische Herrschaft bricht nach und nach in sich zusammen; irisches Clan-System beginnt sich zu etablieren, Rückkehr zu frühmittelalterlichen Wirtschafts- und Verwaltungsformen

1394 n. Chr.	**König Richard II. von England setzt mit einem großen Heer nach Irland über, nachdem er einen Frieden mit Frankreich hatte aushandeln können; erneute Stärkung der englischen Macht in Irland, aber kein wirkliches Durchsetzungsvermögen**
1399 n. Chr.	**Richard kehrt nach England zurück, wird von seinen Gegnern entthront und beseitigt**
15. Jh.	**Richards Nachfolger (Häuser Lancaster und York) widmen sich wieder dem Krieg mit Frankreich und später den eigenen Auseinandersetzungen (Rosenkriege); Irland kann sich wieder eigenständig weiterentwickeln**
1485 n. Chr.	**Dynastie der Tudor gelangt auf den englischen Thron**
1541 n. Chr.	**Heinrich VIII. (seit 1509 König von England) startet erneut Bemühungen um Irland; Dubliner Parlament erkennt Heinrich öffentlich als König von Irland an; Irlands Eigenständigkeit ist verloren**

TOURISTISCHE HINWEISE

Museen:

• National Museum of Ireland: Kildare Street, Dublin 2, Tel. +353/1677/7444, Fax +353/1676-6116, email education.nmi@indigo.ie oder marketing@museum.ie; aktuelle Öffnungszeiten etc. unter www.heritageireland.ie oder www.museum.ie

• Cork Public Museum: Tel. +353/21/427/0679, Fax +353/21/427/0931, email: museum@corkcorp.ie; aktuelle Öffnungszeiten etc. unter www.corkcorp.ie

• Trinity College Library, Dublin (hier befindet sich u. a. das Book of Kells): College Street, Dublin 2, Tel. +353-1-677-2941, Fax +353-1-671-9003; nähere Infos, aktuelle Öffnungszeiten etc. unter www2.tcd.ie/Library/kells.htm

prähistorisches:

• Newgrange: Gräber und Brú na Boinne Vistor Centre (Newgrange, Knowth, Dowth), nahe Drogheda, Co. Louth, Donore, Tel. +353-41-988-0300 bzw. 0301, Fax +353-41-982-3071; aktuelle Öffnungszeiten, Eintrittspreise etc. unter www.heritageireland.ie

• Carrowmore Megalithic Cemetery: nahe Sligo, Tel. +353/071/61534; aktuelle Öffnungszeiten, Eintrittspreise etc. unter www.heritageireland.ie

wichtige Ringwälle und Herrschaftssitze:

• Tara: Ringwallanlage nahe dem heutigen Navan, Co. Meath; Tel. +353-41-988-0300; aktuelle Öffnungszeiten, Eintrittspreise etc. unter www.heritageireland.ie

• Emain Macha: Ringwallanlage auf dem Hügel Navan Fort nahe Armagh, Nordirland; aktuelle Infos unter www.12travel.de/ie/attractions/index.html

• Cashel: Ringwall nahe des heutigen Cashel, Co. Tipperary; außerdem Cashel Heritage Center, Tel. +353/062/61437, Fax +353/062/62988, email: cashelhc@iol.ie; aktuelle Öffnungszeiten, Eintrittspreise etc. unter www.heritageireland.ie

• Dun Aengus/Aonghasa: Festungsanlage auf Inishmore, Aran Islands, Tel. +353/99/61008, Fax +353/99/61009; aktuelle Öffnungszeiten, Eintrittspreise etc. unter www.heritageireland.ie

Klöster und Bischofssitze:

• Clonmacnois: Shannonbridge, Co. Offaly, Tel. +353/0905/74195, Fax +353/0905/74273; aktuelle Öffnungszeiten, Eintrittspreise etc. unter www.12travel.de/ie/attractions/index.html

• Glendalough: Glendalough Visitor's Centre, Bray, Co. Wicklow, Tel. +353/0404/45325 bzw. 45352, Fax +353/0404/45626; aktuelle Öffnungszeiten, Eintrittspreise etc. unter www.heritageireland.ie

• Armagh: heute nur noch Ruinen in der Stadt, außerdem St. Patrick's Cathedral; aktuelle Infos unter www.12travel.de/ie/attractions/index.html

• Kells: Ruinen der Anlage und Kells Heritage Centre, Tel. +353/46/47840, Fax: +353/46/47648, email: kellsheritagecentre@eircom.net; aktuelle Öffnungszeiten, Eintrittspreise etc. unter www.heritagetowns.com/kells.html

• Skellig Michael: die Inselgruppe ist nur per Schiff zu erreichen; Besichtigungen der Klosteranlage möglich; aktuelle Infos etc. unter www.12travel.de/ie/attractions/index.html

Die Klosterruine von Kells.

sonstiges:

• Waterford Heritage Center: Museum mit Nachbauten, „erlebbare Geschichte" etc.; Greyfriars Street, Waterford, Tel. +353/51/71227

• Irish National Heritage Park, Freilichtmuseum mit Nachbauten, „erlebbare Geschichte" etc.; Ferrycarrig, Wexford, Tel. +353/53/20733, Fax +353/53/20911, email: info@inhp.com; aktuelle Öffnungszeiten, Eintrittspreise etc. unter www.inhp.com

• Adare Heritage Centre: Geschichte Irlands von 1233 bis in die Neuzeit; Main Street, Adara, Co. Limerick,
email: adareheritage@eircom.net

• Croagh Patrick: Irlands Heiliger Berg nahe Westport, Co. Mayo; wichtige Pilgerstätte, wo St. Patrick 40 Tage verbracht haben soll; noch heute jährliche Pilgerwanderungen auf den Gipfel

QUELLEN-, SAGEN- UND LITERATURTIPS

Quellen:

Ammianus Marcellinus, „Römische Geschichte", Übers. Wolfgang Seyfarth, Berlin 1978

Beda Venerabilis, „Kirchengeschichte des englischen Volkes", Übers. Günter Spitzbart, Darmstadt 1982

Gaius Julius Caesar, „Gallischer Krieg", neue Übers. Walter Hess, Reinbek 1965

Cassius Dio, „Römische Geschichte", Übers. Otto Veh, Zürich/München 1987

Strabo, „Erdbeschreibung", Übers. Christoph Gottlieb Groskurd, Hildesheim 1988

Tacitus, „Agricola", Übers. Georg Dorminger, München o.J.

Tacitus, „Annalen", Übers. Carl Hoffmann, Wiesbaden o.J.

Sagen:

Clarus, Ingeborg: Keltische Mythen. Der Mensch und seine Anderswelt, Düsseldorf 1991

Green, Miranda J.: Keltische Mythen, Ditzingen 1994

Hetmann, Frederik (Hrsg.): Keltische Märchen. Irland, Schottland, Wales, Bretagne, Frankfurt a.M. 1995

ders.: Irische Märchen, Darmstadt 1976

Löpelmann, Martin (Hrsg.): Keltische Sagen aus Irland, 4. Auflage München 1993

Literatur:

A New History of Ireland, Vol. 9, hrsg. von T.W. Moody, F.X. Martin, F.J.Byrne, Oxford 1984

Benning, Maria C.: Alt-irische Mysterien und ihre Spiegelung in der keltischen Mythologie, Stuttgart 1993

Botheroyd, Sylvia und Paul F.: Lexikon der keltischen Mythologie, 3. Auflage München 1995

Byrne, F.J.: Die keltischen Völker, in: Handbuch der europäi-

schen Geschichte Bd. 1, hrsg. von Theodor Schieder, Stuttgart 1976, S. 449–493
Charles-Edwards, T. M.: Irish and Welsh Kinship, Oxford 1993
Cosgrove, A. (Hrsg.): Medieval Ireland 1169–1534, Oxford 1989
Cunliffe, Barry: Die Kelten und ihre Geschichte, Bergisch-Gladbach 1980
Flanagan, M. T.: Irish Society, Anglo-Norman Settlers, Angevin Kinship. Interaction in Ireland in the late twelfth century, Oxford 1989
Frame, Robin: English lordship in Ireland 1318–1361, Oxford 1982
Gill History of Ireland, hrsg. von James Lydon und Margaret MacCurtain, Dublin 1972 (darin: Gearóid Mac Niocaill, Ireland before the Vikings; Donncha O'Corráin, Ireland before the Normans; James Lydon, Ireland in the Later Middle Ages; Kenneth Nicholls,Gaelic and Gaelicized Ireland)
Irland und Europa im frühen Mittelalter, hrsg. von Próinséas Ní Chatháin und Michael Richter, Stuttgart 1996
Jäger, Helmut: Irland. Eine geographische Landeskunde, Darmstadt 1990
James, Simon: Das Zeitalter der Kelten, Düsseldorf 1996
Konstam, Angus: Atlas der Kelten. Von der Hallstatt-Kultur bis zur Gegenwart, Wien 2002
Löwe, Heinz (Hrsg.): Die Iren und Europa im frühen Mittelalter, 2 Bde, Stuttgart 1982
Maier, Bernhard (Hrsg.): Lexikon der keltischen Religion und Kultur, Stuttgart 1994
Markale, Jean: Die keltische Frau. Mythos, Geschichte, soziale Stellung, 1990
ders.: Die Druiden. Gesellschaft und Götter der Kelten, 1991
McGrath, Fergal: Education in ancient and medieval Ireland, Dublin 1979
Mitchell, Frank: The Irish Landscape, London 1976
Moody, T. W. und Martin, F. X. (Hrsg.): The Course of Irish History, Cork 1965 (div. Nachdrucke)

Mytum, Harold: The Origins of Early Christian Ireland, London/New York 1992

Ní Chatháin, P. und Richter, M.(Hrsg.): Ireland and Europe. Irland und Europa. The Early Church. Die Kirche im Frühmittelalter, Stuttgart 1984

dies.: Ireland and Christendom. Irland und die Christenheit. The Bible and the Missions. Bibelstudien und Mission, Stuttgart 1987

dies.: Ireland and Europe in the Early Middle Ages IV: Learning and Literature, Stuttgart 1996

Old-Irish Paradigms and Selections from the old-irish Glosses.With Notes and Vocabulary by John Strachan, 4. Auflage, durchgesehen von Osborn Bergin, Dublin 1949 (ND 1989)

Otway-Ruthven, A. J.: A History of Medieval Ireland, 2. Auflage 1980

de Paor, Maire und Liam: Alt-Irland – frühchristliches Irland, Köln1960

Patterson, N. T.: Cattle-Lords and Clansmen. Kingship and Rank in Early Ireland, New York 1991

Picard, J.-M. (Hrsg.): Ireland and Northern France, AD 600–850, Dublin 1991

Poepelau, Wolfgang: Der Gott der Iren und Kelten, 1995

Richter, Michael: Irland im Mittelalter. Kultur und Geschichte, München 1996

ders.: Die Kelten im Mittelalter, in: Historische Zeitschrift 246, 1988, S. 265–295

ders.: Die inselkeltischen Völker im europäischen Rahmen des Mittelalters, in: Saeculum 32, 1981, S. 273–286

ders.: Die inselkeltischen Völker vom 11.–15. Jahrhundert, in: Handbuch der europäischen Geschichte Bd. 2, hrsg. von Ferdinand Seibt, Stuttgart 1987, S. 863–883

ders.: The Formation of the Medieval West. Studies in the Oral Culture of the Barbarians, Dublin/New York 1994

Schreiber, Hermann: Irland. Seine Geschichte – Seine Menschen, Gernsbach 1997

Simms, Katharine: From Kings to Warlords. The changing political structure of Gaelic Ireland in the later Middle Ages, Woodbridge 1987

Streit, Jakob: Sonne und Kreuz. Irland zwischen Megalithkultur und frühem Christentum, 2. Auflage Stuttgart 1986

Thurneysen, Rudolf: A Grammar of Old Irish, 6. Auflage Dublin 1980

Tristram, H.C.L. (Hrsg.): Studien zur Táin Bó Cuailgne, Tübingen 1993

Trost, Vera: Skriptorium. Die Buchherstellung im Mittelalter, Stuttgart 1991

Williams, J. E. C. und Ford, P.: The Irish Literary Tradition, Cardiff 1992

BILDQUELLEN

Seite 5: Foto: Claudia Beckers-Dohlen • Seite 6: Foto: Eoin Clarke • Seite 8: Foto l. u.: Eoin Clarke, weitere Fotos: Claudia Beckers-Dohlen • Seite 10: Foto: Eoin Clarke • Seite 11: Foto: Eoin Clarke • Seite 15: Zeichnung nach einer Rekonstruktion • Seite 17: Foto: Claudia Beckers-Dohlen • Seite 18: National Museum of Ireland, Dublin • Seite 21: Zeichnung Atelier Vladi • Seite 23: National Museum of Ireland, Dublin • Seite 26: British Museum, London • Seite 27: National Museum of Ireland, Dublin • Seite 28: National Museum of Ireland, Dublin • Seite 29: Detail einer Miniatur; Trinity College, Dublin • Seite 30: Detail einer Miniatur; Trinity College, Dublin • Seite 32: Steinskulptur Nationalmuseum Prag • Seite 34: National Museum of Ireland, Dublin • Seite 35: British Museum, London • Seite 37: Foto: Claudia Beckers-Dohlen • Seite 39: Foto: Claudia Beckers-Dohlen • Seite 42: Museé de la Civilisation Gallo-Romaine, Lyon • Seite 44: Detail aus dem Kessel von Gundestrup; Nationalmuseum Kopenhagen • Seite 46: Foto Eoin Clarke • Seite 48: Foto: Claudia Beckers-Dohlen • Seite 50: Fotos: Claudia Beckers-Dohlen • Seite 51: Detail einer Miniatur; Landesbibliothek Stuttgart • Seite 52: Book of Kells; Trinity College, Dublin • Seite 54: Book of Durrow; Trinity College, Dublin + Evangeliar von Lindisfarne; British Library, London • Seite 56: Miniatur-Detail aus der Topographica Hiberniae des Giraldus Cambrensis; British Library, London • Seite 59: Foto: Eoin Clarke • Seite 60: Foto: Eoin Clarke • Seite 62: National Museum of Ireland, Dublin • Seite 63: Foto: Eoin Clarke • Seite 65: Detail einer Miniatur; National Library of Ireland, Dublin • Seite 67: National Museum of Ireland, Dublin • Seite 68: Detail aus Matthew Paris, Historia Maior; British Library, London • Seite 70: Detail aus Matthew Paris, Historia Maior; British Library, London • Seite 73: National Library of Scotland • Seite 75: Foto: Eoin Clarke • Seite77: Atelier Vladi • Seite 79: Graphik Claudia Beckers-Dohlen • Seite 80-89: Zeichnung: Rafael Roman-Arroyo • Seite 97: Foto: Eoin Clarke • Seite 100: Foto: Eoin Clarke • Seite 105: Zeichnung: Rafael Roman-Arroyo

NEU: Die Mini-Bibliothek

Claudia Beckers-Dohlen

DAS RÖMISCHE REICH

ISBN 3-935616-14-7
Bestell-Nr. 616 147

Euro [D]**: 5,00**

2004, ca. 110 Seiten,
zahlreiche farbige Abbildungen
Tb., Format: 11,5 x 15 cm

Rund 1200 Jahre währte das Römische Reich und hinterließ fast überall seine Spuren – bis heute. Die Anfänge liegen im mythologischen Dunkel, doch bald schon entwickelte sich aus der Stadt auf den Sieben Hügeln eine politisch straff organisierte Republik unter der Herrschaft des Senats, die ständig expandierte. Bürgerkriege, Machtgelüste Einzelner und der innere Zerfall der alten Ordnung führten schließlich zur Auflösung des Systems und zur Ausbildung des Kaisertums. Rom erlebte eine Blütezeit, doch seine Erfolge hingen von den Stärken und Schwächen der Caesaren ab, deren Streitigkeiten zur Reichsteilung und am Ende in den Untergang führten…

Das vorliegende Buch liefert einen kurzen, aber umfassenden Überblick über die komplexe Geschichte des Römischen Reiches, stellt die wesentlichen Ereignisse dar und die wichtigsten Personen vor. Es ist zugleich der Beginn einer neuen Reihe – der Karfunkel Mini-Bibliothek – die pro Band ein wichtiges und interessantes historisches Thema in kompakter und kurzweiliger Form fachlich fundiert behandeln wird.

www.Karfunkel.de
GESCHICHTE ERLEBEN

Jan Kohlmorgen

DER MITTELALTERLICHE REITERSCHILD

Historische Entwicklung von 975 bis 1350 & Anleitung zum Bau eines kampftauglichen Schildes

ISBN 3-935616-10-4 **Bestell-Nr. 616 104**

Euro [D]: **24,00**

2002. 189 Seiten, über 200, meist farbige Abbildungen, Gb., Format: 20,5 x 27 cm

Holger Riesch

PFEIL UND BOGEN ZUR MEROWINGERZEIT

Eine Quellenkunde und Rekonstruktion des frühmittelalterlichen Bogenschießens

ISBN 3- 9356616-09-0 **Bestell-Nr. 616 090**

Euro [D]: **24,00**

2002. 120 Seiten, zahlreiche, z. T. farbige Abbildungen. Gb., Format: 20,5 x 27 cm

Hagen Seehase & Axel Oprotkowitz

DIE ROSENKRIEGE

Das mörderische Ende des Hauses Plantagenet

ISBN 3-935616-08-2 **Bestell-Nr. 616 082**

Euro [D]: **21,00**

2002. 184 Seiten, zahlreiche, z. T. farbige Abbildungen. Gb., Format: 15 x 22 cm

Ulrich Lehnart

KLEIDUNG & WAFFEN

DER FRÜH- UND HOCHGOTIK 1150 - 1320

ISBN 3-935616-00-7 **Bestell-Nr. 616 007**

Euro [D]**: 22,00**

2001. 128 Seiten, 8 Farbtafeln & zahlreiche s/w-Abbildungen. Gb., Format: 20,5 x 27 cm

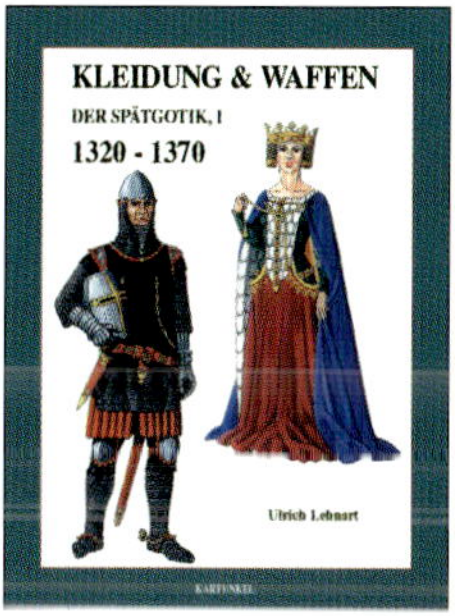

Ulrich Lehnart

KLEIDUNG & WAFFEN

DER SPÄTGOTIK, I • 1320 - 1370

ISBN 3-9805642-8-2 **Bestell-Nr. 564 282**

Euro [D]**: 21,47**

2000. 120 Seiten, 8 Farbtafeln & zahlreiche s/w-Abbildungen. Gb., Format: 20,5 x 27 cm

Ulrich Lehnart

KLEIDUNG & WAFFEN

DER SPÄTGOTIK, II • 1370 - 1420

ISBN 3-935616-11-2 **Bestell-Nr. 616 112**

Euro [D]**: 22,00**

2002. 120 Seiten, 8 Farbtafeln & zahlreiche s/w-Abbildungen. Gb., Format: 20,5 x 27 cm

Gösta Ditmar-Trauth

RÜSTUNG GEWANDUNG SACHKULTUR

DES DEUTSCHEN HOCHMITTELALTERS

ISBN 3-935616-16-3 **Bestell-Nr. 616 163**

Euro [D]: **19,90**

Ca. 160 Seiten, über 400 s/w-Abbildungen
Gb., Format: 20,5 x 27 cm

Gösta Ditmar-Trauth

FIBEL- UND GÜRTELMODE DER HOCHGOTIK

ISBN 3-9805642-7-4 **Bestell-Nr. 564 274**

Euro [D]: **8,59**

2000. Ca. 70 Seiten, über 150 s/w-Abbildungen
Tb., Format: 13 x 18 cm

Gösta Ditmar-Trauth

DIE ENTSTEHUNG DES DEUTSCHEN BÜRGERHAUSES

ISBN 3-935616-02-3 **Bestell-Nr. 616 023**

Euro [D]: **39,00**

2002. 184 Seiten, zahlreiche s/w-Abbildungen
Gb., Format: 21,5 x 30,2 cm

ROMAN

Stephan M. Rother

DER ADLER DER FRÜHE

ISBN 3-9805642-6-6 **Bestell-Nr. 4266**

Euro [D]: 8,59

2000, Tb., ca. 530 Seiten

Mysteriöse Morde, politische Ränkespiele, menschliche Leidenschaften, dazu die Häscher der Heiligen Inquisition und ein halb vergessener, bedrohlicher Fluch: Magister Stephan M. Rother hat mit geschliffener Erzählkunst und beeindruckender historischer Detailkenntnis einen faszinierenden mittelalterlichen Mystery-Thriller geschaffen.

ROMAN

Iris Hennemann

DER SCHREI DER KELTEN

ISBN 3-935616-01-5 **Bestell-Nr. 6015**

Euro [D]: 10,90

2001, Tb., ca. 685 Seiten

Liebe und Kampf um den Arvernerkönig Vercingetorix: Gallien 53 v. Chr.. Der Krieg tobt seit fünf Jahren. Der römische Adler hat seine Flügel ausgebreitet und kreist todbringend über dem Land. Der Prokonsul Gaius Julius Caesar strebt die völlige Unterwerfung der unbeugsamen keltischen Stämme an.

An einem stickigen, heißen Sommertag kauft die Kriegerin Herwiga auf einem Sklavenmarkt in Rom den schönen Gallier Argiotalus frei. Dieser ungestüme Krieger soll sie fort von der ihr verhaßten Stadt zu seinem Stamm, den Arvernern, führen. Hier lernt Herwiga die stolzen, eitlen Kelten kennen, denen der unbändige Wunsch nach Freiheit mehr gilt als ihr Leben. Herwiga schließt sich dem charismatischen König der Arverner, Vercingetorix, an, der die zänkischen, wilden Stämme zu einem gewaltigen Heer vereint und dieses Caesar entgegenführt, um den römischen Adler in den Staub zu werfen.

So erlebt Herwiga die Schrecken des Krieges. Doch auch in ihrem Herzen wütet der Kampf, denn sie kann sich nicht zwischen der dargebotenen Liebe von Vercingetorix und Argiotalus entscheiden.